Aus einem traurigen Arsch fährt nie ein fröhlicher Furz

Anekdoten über Luther

Gesammelt und aufgeschrieben
von Mario Süßenguth

EULENSPIEGEL VERLAG

Luther legendär

Dauerprediger

Man erzählte von einem Prediger, dem auf der Kanzel der Rock an einem Nagel hängengeblieben und so zerrissen sei. »Dachte mir's doch«, bemerkt Luther, »er war angenagelt: er konnte ja nicht aufhören.«

Geistesblitz bei Stotternheim

Der 2. Juli 1505. Auf dem Rückweg des jungen Magisters Luther – zu Fuß von seinem Elternhaus nach Erfurt – gerät er in ein heftiges Gewitter. Heulender Sturm, zuckende Blitze, Donnergrollen, Wassergüsse gehen über dem tiefgläubigen Mann nieder. Bei Stotternheim schlägt ein Blitz direkt neben Luther ein, der Luftdruck reißt den Christen nieder auf den schlammigen Feldweg. In diesem Augenblick ruft er gen Himmel: »Hilf du, Heilige Anna, ich will ein Mönch werden!« Bald macht Luther damit ernst, zur völligen Verblüffung seiner vertrauten Umgebung.

Wortgewaltig

Ein Engländer, der bei Luther speist, sagt, daß er Deutsch lernen wolle. »Ich will Euch mein Weib zum Meister geben«, meint Luther, »es soll Euch die deutsche Sprache fein lehren. Denn sie ist sehr beredt und kann sie so vollkommen, daß sie mich damit meist übertrifft.«

Großzügig oder geizig

Als einmal ein Wahrsager Luther gegenüber behauptet, man könne von den Händen eines Menschen genau ablesen, ob derjenige großzügig sei oder geizig, spottet Luther: »Freilich muß man es an den Händen sehen. Denn es gibt ja keiner mit den Füßen!«

Verdächtige Ursel

Als Luther während seiner Rückreise von Rom in Augsburg übernachtet, erzählen ihm die Stadtbewohner von einem Wunder. Es gebe hier eine heilige Frau, die Ursel, die ohne jegliches Essen und Trinken auskomme. Luther besucht die Frau und sagt schmunzelnd zu ihr: »Ursel, schau nur zu, daß es mit rechten Dingen zugeht!«

Tinte und Teufel

In seinem Festungsstübchen auf der Wartburg erscheint Luther einmal der Teufel. Um den Satan zu vertreiben, greift der Doktor nach seinem gutgefüllten Tintenfaß und wirft es voller Schwung nach dem Beelzebub. Zurück bleibt ein Tintenfleck an der Wand, der noch über Jahrhunderte bewahrt und nachgebessert wird. Vielleicht stimmt aber auch jene Geschichte, daß Luther lediglich mit der Feder gegen den Satan anschreibt, also auf diese Weise den »Teufel mit der Tinte vertreibt«, wie Luther einmal sagt.

Engelsgestalten

Luther sieht einmal bei einer seiner Messen Engelsgestalten vor sich auftauchen. Kinder in weißen Kleidchen und mit Flügeln winken ihm zu und versuchen, ihn mit säuselnder Stimme von der Kanzel herunterzulocken. Luther glaubt, es sei der leibhaftige Teufel in verwandelter Gestalt und bricht seinen Gottesdienst sofort ab. Einem Kollegen berichtet er im November 1525 von diesem Erlebnis.

Blutrote Elbe

Als einmal die Leute mit großem Geschrei herbeilaufen, weil sie blutrotes Wasser in der Elbe fließen sehen, bleibt Luther gelassen. Er lächelt, holt seine Bibel hervor und liest das dritte Kapitel aus dem zweiten Buch der Könige und spricht: »Da die Sonne aufging und auf das Gewässer ihren Strahl warf, meinten die Moabiter auch, es wären Wasser, rot von erschlagener Könige Blut. Wir sind auf das Wort gewiesen und sollen nimmer nach Wunderzeichen sehen. Im Worte und durch das Wort geschehen heutzutage die herrlichsten Wunder. Die Leute aber sind vorwitzig und lüstern, wie die Pharisäer, wollen immer Wunder haben und das Wort aus den Augen verlieren.«

Schwache Stimme

Als Luther einmal beklagt, er habe leider nur eine schwache Stimme, gibt ihm sein Freund in Wittenberg, der Philosoph und Theologe Philipp Melanchthon, zur Antwort: »Aber man höret sie gar weit.«

Wer nicht liebt ...

Eines Abends sagt Luther zu seinen Gästen, er müsse am nächsten Tag über die Trunkenheit des Noah lesen: »Also werde ich heute abend tüchtig trinken, damit ich aus Erfahrung über das böse Ding reden kann!«

Der Theologe Konrad Cordatus entgegnet: »Das Gegenteil muß geschehen.«

Da meint Luther: »Man muß ja einem jeden Land seine Gebrechen zugute halten. Die Böhmen fressen, die Wenden stehlen, die Deutschen saufen getrost. Denn, lieber Cordatus, wie wollt ihr jetzt anders einen Deutschen vortun, denn durch Trunkenheit, besonders wenn er Musik und Weiber nicht schätzt?« Später wurde aus diesen Äußerungen der Spruch: Wer nicht liebt Weib, Wein, Gesang, der bleibt ein Narr sein Leben lang.

Bist du voll ...

Abends gibt der alte Luther bei Tisch ab und zu einen derben und scherzhaften Trinkspruch aus, worüber sich seine Tischgenossen herzlich freuen: »Bist du voll, so leg dich nieder, stehe auf und sauf herwieder.«

Stiefels Weltuntergang

Im Jahr 1533 kommt einmal Pfarrer Magister Stiefel zu Luther und erzählt ihm, daß der Weltuntergang nahe bevorstehe.

»Wie wollt ihr das beweisen?« fragt Luther.

»Durch meine Berechnungen, die niemals trügen«, antwortet der Magister, vermag aber den Reformator keineswegs zu überzeugen.

Besser gelingt es Stiefel bei den Bauern, die nun von einer Stunde auf die andere damit beginnen, alles zu verzehren und zu vergeuden, was sie besitzen. Endlich kommt der von Stiefel prophezeite Tag. Aber der Weltuntergang bleibt aus.

Nun entbrennt der Zorn der Bauern gegen ihren Pfarrherrn. Sie ergreifen ihn, bringen ihn gefesselt nach Wittenberg und verlangen seine Hinrichtung.

Für einen Wittenberger Studenten ist diese Geschichte Anlaß für ein Lied, das bald in vielen Kneipen und wohl auch manchmal von Luther, mit einem Stiefel Bier in der Hand, gesungen wird: »Stiefel muß sterben und ist noch so jung, jung, jung!«

Die gebratene Gans

Ein Kaufmann aus Hamburg bringt seinen Sohn zu Luther in Kost und Erziehung. Mit dem Sohn und einigen Freunden Luthers wird der Kaufmann zum Abendessen ins Schwarze Kloster eingeladen. Während sich nun der Vater mit Luther über die Erziehung des Sohnes am anderen Ende des Zimmers bespricht, wird eine gebratene Gans aufgetragen. Dem Sohn währt es zu lange, und der Anblick und der Duft des Gerichtes machen ihn so lüstern, daß er sich zum Tisch hinschleicht und der Gans die Haut abzieht. Es bemerken dies einige der übrigen Gäste und schweigen.

Auch Luther hat es wahrgenommen, und lächelnd fragt er jetzt den Kaufmann: »Was würdet Ihr Euren Sohn haben lernen lassen, wenn er nicht Lust und Geschick zum Studieren gehabt hätte?«

»Die Kaufmannschaft«, lautet die Antwort.

»Nein«, entgegnet Luther, »das Gerberhandwerk hätte er lernen müssen, denn er hat jetzt wahrlich das Gänseleder ganz wohl bearbeitet.«

Ein fröhlicher Arsch

Als Luther einmal in lustiger Runde mit Freunden und Studenten beisammensitzt und der Wein wie auch das Bier reichlich fließen, reden die Männer über den Humor des Menschen. Die Rede kommt auf einen besonders trübsinnigen Christen und Papstanhänger. Der Doktor lacht und meint in die heitere Runde: »Aus einem traurigen Arsch fährt nie ein fröhlicher Furz.«

Hier stehe ich ...

Legendär ist der Ausspruch, mit dem Luther seine Verteidigung vor dem Reichstag zu Worms beschließt: »Hier stehe ich. Ich kann nicht anders. Gott helfe mir. Amen!«

Es gibt nur überlieferte Erinnerungen an den beeindruckenden Auftritt des Mönches aus Wittenberg.

Protokolliert sind diese berühmten Worte nicht. Aber was sagen schon Protokolle!

Luther lernend

Tagesheiliger

Nachdem Luther am 10. November 1483 das Licht der Welt erblickt, taufen ihn die Eltern tags darauf in der Sankt Peterskirche zu Eisleben auf den Namen Martin. Warum? Martin – so lautet der Name des Heiligen am 11. November, dem Martinstag. Luther kam in der Stunde vor Mitternacht zur Welt, so berichtet es die Mutter.

Vom Teufel gezeugt?

Luther sei vom Teufel selbst gezeugt worden, im Ehebruch mit der Margarete Lutherin. Die Mutter habe es später bedauert, das Balg wegen seines fremden und wilden Wesens nicht in der Wiege getötet zu haben. So behauptet es schwarz auf weiß Johann Cochläus anno 1549. Der Domherr gibt die erste Biographie über den Reformator heraus. Als die Schrift erscheint, ist Luther bereits drei Jahre tot. Bis ins 18. Jahrhundert pflegt die katholische Kirche die Legende, der Reformator sei des Leibhaftigen Sohn.

Päpste schämen sich

Luthers Gegner behaupten später, der Taufname Martin würde nicht stimmen, er sei nicht der echte. »Ich bin in der Taufe Martinus genannt worden, darnach im Kloster Augustinius«, versichert der Reformator und nimmt das Thema zum Anlaß für eine Papstkritik: »Was könnt' doch Schädlicheres und Ungöttlicheres geschehen, als daß man den Taufnamen verwirft und fahren läßt um der Kappen willen, die einer angezogen? Also schämen sich die Päpste, daß Sie mit ihrem rechten Namen sollen genannt werden, den sie in der Taufe kriegt haben. Sind zwar dessen auch nicht wert, daß sie den Taufnamen behalten sollen. Mit solcher Veränderung der Namen haben sie angezeigt, daß sie von Christo und der Taufe abgefallen und abtrünnig worden sind, und dasselbe ist in allen Klöstern auch sehr gemein gewesen.«

Fünfzehn Hiebe

In der Schule teilen die Lehrer ihre Schläge aus. Luthers Zeugnis berichtet davon, daß ihn der Schulmeister an einem einzigen Vormittag fünfzehn Mal mit einem Hieb gezüchtigt habe, Luther also gestäupt wurde. Manche ungeschickten Lehrer bezichtigt der Reformator rückblickend, sie seien mit den Kindern umgegangen wie mit Henkern und Dieben.

Luther geht nicht zur Schule

Anfangs geht Luther nicht zur Schule. Er wird getragen, weil die Eltern den Sohn schon im Alter von vier Jahren zu den Lehrern schicken. Noch im Alter berichtet Luther lächelnd davon, wie sehr er es genossen habe, oft auf den Armen zum Unterricht gebracht worden zu sein. Ein älterer Schüler, Nikolaus Oemler zu Mansfeld, schleppt Luther den Weg. Später gehört der freundliche und kräftige Nikolaus durch eine Verschwägerung zu Luthers Verwandtschaft.

Geschlagenes Kind

Luthers Mutter und Vater erziehen ihren Sohn streng und schlagen ihn auch, manchmal bis aufs Blut. Luther hält dies rückblickend für normal, ist den Eltern dankbar für ihre harte Erziehung, gibt aber zu, durch die Härte des Bergmanns und der einfachen Mutter schüchtern geworden zu sein. Er verzeiht ihnen, da sie es herzlich gemeint hätten, und kommt als Erwachsener auch zu dem Schluß: Kinder müssen gestäupt und gestraft werden, aber gleichwohl sollen die Eltern sie lieb haben.

Ich bin ein Bauernsohn

Hans Luther, der Vater des Reformators, entstammt einem Bauerngeschlecht, das im Dorf Möhra, am südlichen Hang des Thüringer Waldes, ansässig war – zwischen Eisenach und Bad Salzungen. Martin Luther sagt selbst: »Ich bin eines Bauern Sohn. Mein Vater, Großvater, Ahnherr sind rechte Bauern gewesen. Danach ist mein Vater nach Mansfeld gezogen und dort ein Berghäuer geworden.« Er verzeiht dem Vater sogar, daß er an den Sonntagen und Feiertagen mit seinen Bergleuten gern und über die Maßen zecht. Das sei zwar nicht gut, so Luther: »Aber wenn sie an den anderen Tagen fleißig schaffen, muß man ihnen etwas zugute halten.«

Abergläubische Mutter

Als eines Tages ein jüngerer Bruder Martins stirbt, meint die Mutter, eine Hexe aus der Nachbarschaft habe das Kind verflucht und sei am Tod schuldig. Später liegt die vermeintliche Hexe erschlagen auf einem Acker nahe der Stadt, und Luthers Mutter nimmt erleichtert zur Kenntnis, daß der Satan eine der Seinen von Erden geholt hat.

Lieblingsbruder

Martins Mutter sagt, daß er für seine jüngeren Geschwister ein »Lenker der Sitten« gewesen sei. Der Lieblingsbruder Luthers ist Jakob. Der eine sei dem anderen stets der beste Kamerad gewesen, so die Mutter, keinem habe ohne den anderen das Essen geschmeckt oder ein Spiel gefallen.

Latein als Qual

Schon mit dem ersten Unterricht für Lesen, Schreiben und Rechnen werden Martin Luther auch die Kenntnisse der lateinischen Sprache vermittelt. Allerdings ist es ein steifer, dürftiger und stückweiser Unterricht in den trockenen Formeln der Grammatik. Luther findet keine richtige Freude an der Gelehrtensprache, weil er die Zeit mit unnützen und beschwerlichen Dingen zubringen muß. Weil seine Lehrer ihn und die anderen Kinder mit immer den gleichen Fragen zu Deklinationen und Konjugationen martern, schimpft Luther in reiferen Jahren: »Manch geschickter Kopf ist dabei verdorben worden!«

Fastnachts-Würste

In der Fastnachtszeit gehen Martin Luther und ein Freund von Tür zu Tür und singen, um Würste zu bekommen. Da scherzt ein Bürger mit den Jungs und schreit laut: »Was macht ihr bösen Buben?« Luther und sein Kamerad erschrecken durch das Geschrei und laufen davon. Erst als der Mann den Angsthasen hinterherruft, sie bräuchten keine Furcht zu haben, kehren die Kinder zurück und holen sich ihre Fastnachtswürste ab.

Wasser und Wunder

Luther liegt in Magdeburg im Fieber. Weil er einen höllischen Durst leidet, aber alle aus dem Haus zum Gottesdienst gegangen sind, schleppt er sich auf Händen und Füßen in die Küche, trinkt aus einem Krug frisches Wasser und fällt in einen tiefen Schlaf. Als er daraus erwacht, ist das schwere Fieber wie durch ein plötzliches Wunder vergangen.

Luther wird entdeckt

Von Magdeburg kehrt der Schüler Luther zunächst nach Hause zurück, dann schickt ihn der Vater zu Verwandten nach Eisenach. Die Familie von Konrad Luther, Küster zu Sankt Nikolai, ist aber so arm, daß Martin sein Geld mit Singen erbetteln muß. So kommt er auch am Haus des

Eisenacher Ratsherren Konrad Cotta vorbei, das in der Sankt Georgengasse steht. Die Hausherrin Ursula Cotta wird durch den singenden Martin ans Fenster gelockt und bemerkt, daß der Junge schon vor drei Haustüren ihrer Nachbarn ohne die geringste Gabe abgewiesen worden ist. Der junge Luther beendet sein Lied vor dem Cottaschen Haus und wird zu seiner Überraschung von Frau Cotta in die gute Stube gebeten. Dort erhält er Speis und Trank. Der Frau des Hauses fällt zudem auf, daß der Junge vor, während und nach dem Essen laut und voller Inbrunst zu Gott betet. An die Söhne stellt er katechistische Fragen. Der tiefreligiösen Frau gefällt der Junge auf Anhieb. So nimmt sie ihn mit in ihren begüterten Haushalt auf.

Luther heißt »Ludher«

Nach den Schulbesuchen in Magdeburg und in Eisenach bezieht Luther anno 1501 die Erfurter Universität. Der Rektor, Scholastiker Jodocus Trutvetter, trägt den jungen Mann unter dem Namen »Martinus Ludher ex Mansfelt« für das Sommersemester ein. Dies ist die erste urkundliche Erwähnung Martin Luthers, die erhalten geblieben ist.

Ein hurtiger Geselle

Ein Tischkamerad Luthers an der Universität nennt ihn einen hurtigen und fröhlichen Gesellen. Der Tag beginnt für Luther mit dem Beten und einem Gang zur Kirche. Luthers Sprichwort lautet: Fleißig gebetet ist über die Hälfte studiert. Anno 1502 darf sich Luther Bakkalaureus nennen. Drei Jahre später erlangt er die Würde eines Magisters. Seinen Kameraden gilt er als lebenslustig, klug und bodenständig.

Tränen beim Abschied

Am Abend des 16. Juli 1505 feiert Luther mit seinen Freunden ein Fest. Er verabschiedet sich damit ins Kloster. Luther gibt sich überaus fröhlich und spielt auf einer Laute Lieder. Unter den Gästen sitzen auch »züchtige, tugendsame Jungfrauen und Frauen«, überliefert ein Teilnehmer. Von den Mitstudenten wird er der »Musikus« genannt, von einigen auch »Philosophus«. Als Luther am nächsten Morgen von seinen Kommilitonen zum Erfurter Augustinerkloster gebracht wird und sich das Tor hinter ihm schließt, stehen den Zurückbleibenden Tränen in den Augen.

Unglücklicher Vater

Luther sagt: Da ich erstlich ein Mönch ward, da wollte mein Vater toll werden, war übel zufrieden und wollts nicht gestatten, und ich wollts gleichwohl, auch mit seinem Wissen und Willen tun. Da ichs ihm schrieb, antwortete er mir schriftlich wieder und hieß mich »Du« – zuvor hieß er mich »Ihr«, weil ich Magister war – und sagte mir alle Gunst und väterlichen Willen gar ab.

Faule Mönche

Als dem Vater durch eine Pestillenz zwei Söhne sterben, bekommt er die fälschliche Botschaft, daß auch Martin Luther gestorben sei. Als sich die Sache aufgeklärt hat, überredet man den Vater, seine Einwilligung für den Klosterbeitritt des Sohnes zu geben, als eine Art Opfer an Gott. Glücklich ist der Vater nicht mit der Entscheidung seines Sohnes. Mönche stehen im Ruf, Faulenzer auf Kosten des Volkes zu sein, sich die Bäuche vollzuschlagen und heimlich zu den Weibern zu gehen.

Klosteralltag

Bei den Augustinern gilt die Regel, am allerfrühsten Morgen zwischen ein und zwei Uhr in der Zelle mit Lesungen die Heilige Maria zu lobpreisen. Ab der sechsten Stunde des Tages folgen Gebete, die bis zum Abend alle paar Stunden gemeinsam in der Kapelle gesprochen und gesungen werden. Tag für Tag findet eine Klostermesse statt, an der Bruder Martin teilnimmt. Im Sommer schläft der Mönch Luther sechs, im Winter acht Stunden am Tag.

Schmale Kost

In Luthers Mönchskloster gibt es täglich kurz nach zwölf Uhr das Mittagessen und gegen achtzehn Uhr die Abendtafel. In den langen Fastenzeiten essen die Mönche kein Fleisch, trinken allerdings, wie in jener Zeit allgemein üblich, Bier und Wein, verzehren Pfefferkuchen, Salzbrot, Obst und Salat. Junge und Kranke versorgen die Ordensbrüder mit einer besonderen Ration. Der Augustiner Luther allerdings hungert mehr, als sein Orden und die römischen Regeln verlangen. »Ich hätte mich bei Zeiten zu Tode gefastet«, gesteht der Mönch einmal: »Denn oft nahm ich an drei Tagen weder einen Tropfen noch ein Krümchen Brot zu mir.«

Zornig mit Gott

Im Kloster beichtet Luther alle Sünden, mitunter auch Dinge, die andere Klosterbrüder als harmlos ansehen. Ein alter Beichtvater, Johann von Greffenstein, hört sich anfangs geduldig die selbstkritischen Worte Luthers an, dann wird es ihm zuviel. Er sagt zu dem eigenartigen Mönch: »Du bist ein Narr! Gott zürnt nicht mit dir, du zürnst mit Gott.«

Luther lehrend

Luther wird Professor

Johann von Staupitz, der Luther im Kloster als Mönch und hoffnungsvollen Geist entdeckt, schlägt den jungen Mann als Professor vor. Friedrich der Weise, Kurfürst von Sachsen, hatte 1502 die Universität zu Wittenberg gestiftet und Staupitz damit beauftragt, die Schule mit guten Lehrern zu besetzen. Luther soll Professor für Philosophie werden, und er nimmt das Angebot an, aus Gehorsam gegenüber Staupitz.

Fälschungen entdeckt

Dem jungen Professor kann kaum einer etwas vormachen. Luther findet sogar heraus, daß fünf Schriften, die vom Heiligen Augustin stammen sollen, unecht sind. Die Forschung bestätigt später Luthers Urteil.

Frühaufsteher

Als junger Professor in Wittenberg gibt sich Luther viel Mühe mit seinen Vorlesungen, die er oft in feinster Schönschrift zu Papier bringt. Er steht sehr früh auf und hält seine Vorlesungen morgens von sechs bis sieben Uhr.

Zu Fuß nach Rom

Mit einem Kameraden bricht Luther im November 1510 nach Rom auf. Zu Fuß ziehen sie durch Thüringen, Bayern, Schwaben, über Ottobeuren, Füssen, Hohenschwangau nach Vorarlberg und Graubünden, Mailand, Bologna, Florenz und Siena. Als Luther endlich, nach fast zweieinhalb Monaten, die alles überragende Peterskirche erblickt, sinkt er in die Knie und ruft: »Sei gegrüßt, du heiliges Rom.«

Enttäuscht

Martin Luther geht mit offenen Augen und Ohren durch Rom. Doch die Stadt der Kirche enttäuscht ihn; auch stört ihn, daß die römischen Priester die Messe in höchster Geschwindigkeit lesen.

Sechs Goldene Regeln

Ein Prediger soll sechs Regeln befolgen, um erfolgreich zu sein, sagt Luther: »Daß er gelehrt sei; daß er eine feine Aussprache habe; daß er beredt sei; daß er eine schöne Person sei, den die Mägdlein und Fräulein lieb haben können; daß er kein Geld nehme, sondern Geld zugebe; daß er rede, was man gerne höret.«

In der Kürze ...

Als Luther einem angehenden Prediger begreiflich machen will, daß kurze Predigten von der Kanzel mehr erreichen als lange, reimt er: »Steig nauf, tu's Maul auf, hör bald wieder auf!« Die Weisheit Luthers lautet: »Man kann den Leuten in einer Viertelstunde mehr predigen, als sie in zehn Jahren tun werden. Wenn du vernimmst, daß die Leute am liebsten und emsigsten zuhören, so beschließe deine Predigt, so hast du auf eine andere Zeit wieder Zuhörer.«

Spruch statt Trinkgeld

Bei einer Wirtshauseinkehr wird Luther gebeten, statt des Tischgeldes einen Spruch zu geben. Der Wittenberger besinnt sich, steigt auf die Gasthausbank und schreibt das Bibelwort an die Wand: »Wir sind des Herrn.« Dann springt er herunter und tröstet den Wirt: »Wir sind des Herrn Christi Eigentum, er wird das Seine wohl bewahren, und wir Christen sind auch Herren über Tod, Sünde und Teufel, die sollen keine Macht an uns finden!« Das macht großen Eindruck auf den Wirt. Und bald kommen viele Gäste nur deshalb herbei, um den von Luther geschriebenen Spruch zu lesen.

Sieben Bitten, sieben Tage

Eine fromme Frau in Wittenberg, Frau eines Doktors, verteilt die sieben Bitten des Vaterunsers auf die sieben Tage der Woche. Als Luther einmal gefragt wird, wie man am besten andächtig bete, sagt der Theologe: »Gehe zur Doktorin K., die lehrt euch andächtig beten, sie braucht fürs Vaterunser eine ganze Woche.«

Bart und Sünde

In Eisleben schaut Luther zu, wie ein Barbier seinem Freund Doktor Jonas die Haare schneidet und den Bart abnimmt. Sofort sucht der Wittenberger nach einem Gleichnis. Als es ihm einfällt, sagt er zu Jonas: »Die Erbsünde im Menschen ist gleich wie eines Mannes Bart. Auch wenn er heute gut abgeschnitten würde, daß einer glatt ums Maul wäre, wüchse ihm der Bart des Morgens wieder. Solches Wachsen der Haare und des Barts höret nit auf, solange ein Mensch lebt. Erst wenn man mit der Schaufel drauf schlägt, so hört es auf. Die Erbsünde bleibt in uns, so lange wir leben, aber man muß ihr widerstehen und solche Haare immerdar abschneiden.« Auch der Barbier hört gut zu, was Luther da über Bart und Sünde sagt, und glaubt fortan, einem sehr wichtigen Beruf nachzugehen.

Ein sächsisches Bäuerlein

Luther verhört einmal die Leute in einem Dorf im Beten und befragt sie im Katechismus fein säuberlich und mit Geduld. Als ein armes sächsisches Bäuerlein sein Gebet aufsagen will und damit beginnt: »Ich glaube an Gott den Allmächtigen«, fragt Luther, was denn »Allmächtiger« wohl heiße.

Der gute Mann antwortet: »Ich weiß nicht.«

Doktor Luther: »Ja, mein lieber Mann, ich und alle Gelehrten wissen auch nicht, was Allmächtigkeit ist. Glaubst du aber, daß Gott dein lieber, treuer Vater ist, der will, kann und weiß dir, deinem Weib und Kindern in allen Nöten zu helfen, dann verstehst du genug davon.«

Von Gott gesandt

In seiner letzten Predigt vor Kaiser Maximilian sagt Geiler von Kaisersberg: Weil Papst, Kaiser, Könige und Bischöfe nicht reformieren unsere geistlose Vernunft und unser gottloses Leben, so wird Gott einen senden, der es tun muß und die gefallene Religion wieder aufrichten.

Hart gegen Mönche

Der Ketzer Johann Hilten, der während Luthers Eisenach-Aufenthalts im Gefängnis des dortigen Franziskanerklosters sitzt, prophezeit die luthersche Kirchenreformation: »Es wird ein Held kommen, der euch Mönche hart anfassen wird, dem werdet ihr nicht widerstehen können.«

Erste Kriegserklärung

Der dreiunddreißigjährige Luther predigt von der Kanzel gegen allerlei kirchliche Mißstände und Mißbräuche. Noch mehr interessieren ihn die Unzulänglichkeiten beim theologischen Studium. Als eine öffentliche Kriegserklärung sendet er 97 Thesen gegen die Scholastik in die Welt – am 4. September 1517. Seine Kriegsfanfaren bleiben noch ohne Widerhall.

95 Thesen an der Kirchentür

Im Herbst 1517, am 31. Oktober gegen Mittag, dem Sonnabend vor Allerheiligen, verlassen Luther und sein Famulus, Johann Agricola, das Schwarze Kloster. Sie gehen eilig hinüber zur Schloßkirche, eine Viertelstunde entfernt. Dem Brauch entsprechend, will Luther seine in Latein verfaßte Streitschrift an der Tür anschlagen – einem Schwarzen Brett gleich. Die Nordtür der Kirche ist voller Zettel, und Luthers berühmte 95 Thesen gegen den Mißbrauch des kirchlichen Ablaßhandels – säuberlich auf ein Pergament geschrieben – flattern bald im Herbstwind mit den anderen Papieren, Mitteilungen und Bekanntmachungen hin und her.

Die Thesen per Post

Zur Sicherheit hat der Theologe sein Papier schon am Morgen per Post an maßgebliche Würdenträger geschickt, etwa den Erzbischof von Mainz. Von dort aus geht das brisante Wittenberger Papier direkt zum Papst nach Rom.

In Windeseile

Luther sagt, seine Thesen liefen in vierzehn Tagen durch ganz Deutschland, weil alle Welt den Ablaß beklagt. Ein anderer berichtet über die Luther-Thesen: »In vier Wochen hatten sie schier die ganze Christenheit durchlaufen, als wären die Engel die Botenläufer.«

Feuriger Protest

Als ein Buchhändler aus Halle in Johann Tetzels Auftrag 106 Gegenthesen zu Luther in Wittenberg verbreiten will, werfen die Studenten die Schriften ins Feuer und drohen: So wird auch Tetzel, der Ablaßhändler, enden, wenn sie ihn zu fassen bekommen. Und sie jagen den Buchhändler aus der Stadt.

Heulen und Brüllen

Für den Humanisten und Romgegner Ulrich von Hutten bedeutet die Streitschrift des Mönchs gegen die Papstkirche kaum etwas: »In Wittenberg in Sachsen will sich eine Partei gegen die Autorität des Papstes auflehnen. Eine andere verteidigt die päpstlichen Ablässe, Mönche führen die beiden Lager zum Kampf. Diese unerschütterlichen Generäle, hitzig, heftig, leichtsinnig, heulen, brüllen, vergießen Tränen, klagen zum Himmel, und dann sind da noch welche, die sich hinsetzen zum Schreiben und in die Bibliotheken laufen. Man verkauft Thesen, Gegenthesen, Schlußfolgerungen, tödliche Artikel. Ich hoffe, sie werden sich gegenseitig umbringen.« Als Luther vom Papst in Acht und Bann gestellt wird, schlägt sich der Ritter auf die Seite des mutigen Wittenbergers.

Schimpfnamen

Einer der ärgsten Gegner Luthers, Dr. Johannes Eck aus Ingolstadt, sagt einmal, man solle aus Luthers Namen das »r« herausnehmen, dann hieße er, was er sei, Lutheus, was ans Lateinische »lutus« erinnert und soviel wie der Kotige bedeutet. Luther entgegnet nicht weniger boshaft, er lese beim Namen »Dr. Eck« stets nur »Dreck«.

Luthers bester Papst

Lange glaubt Martin Luther, der römische Papst Leo X. werde am Ende seine Thesen für gut halten, wenn er erst die wahren Gründe Luthers kenne. Doch von Beginn an weiß der oberste Kirchenregent über den Aufrührer aus Wittenberg Bescheid und wirkt entscheidend an einem Verfahren gegen den Ketzer mit. Noch 1520 glaubt Luther an seinen vermeintlich guten Papst, der ohne es zu wissen in der »römischen Mordgrube« und im »Reich der Sünde« auf dem »allergefährlichsten Stuhl« sitze.

Eine Bestie

Der päpstliche Legat Kardinal Cajetan sagt über den »Narren« Luther: »Ich mag mit dieser Bestie kein Wort mehr reden, denn sie hat tiefe Augen und wunderbare Gedanken in ihrem Kopf.«

Wappen mit weißer Rose

Um 1516 entwirft Luther aus seinem Familienwappen das Zeichen der Lutherrose. Er schreibt zu seinem Wappen: »Das erste sollte ein Kreuz sein: schwarz im Herzen, das seine natürliche Farbe hätte, damit ich mir selbst Erinnerung gäbe, daß der Glauben an den Gekreuzigten uns selig machet. Denn der Gerechte wird seines Glaubens leben, den Glauben an den Gekreuzigten. Solch ein Herz aber soll mitten in einer weißen Rose stehen, anzuzeigen, daß der Glaube Freude, Trost und Friede gibt, darum soll die Rose weiß und nicht rot sein; denn weiße Farbe ist der Geister und aller Engel Farbe. Solche Rose stehet im himmelfarbenen Felde, daß solche Freude zukünftig. Und in solch Seligkeit im Himmel ewig währet und kein Ende hat und auch köstlich über alle Freude und Güter, wie das Gold das höchste, edelste und köstlichste Erz ist.«

Scherben durch Gift?

An der Tafel Richards von Trier bekundet Johannes Eck mit dem Glas seinem Widersacher Luther die Gesundheit. Um die formale Höflichkeit zu erwidern, setzt auch Luther sein Glas an den Mund, aber genau in diesem Augenblick zerspringt es. Sofort äußern mehrere Gäste laut die ungeheuerliche Vermutung, daß der Wein in dem Glas vergiftet gewesen sei. Doch Luther verliert die Fassung nicht und sagt ganz ruhig: »Liebe Herren, der Trunk ist mir entweder nicht beschert oder nicht gesund gewesen. Und gewiß sprang das Trinkgeschirr, weil man es zu schnell im kalten Wasser abkühlte.«

Ein paar Buchstaben zuviel

Nachdem Luthers Thesen vom Papst in Rom als ketzerisch verworfen werden, soll es im Sommer 1518 in Augsburg zum Verhör durch Kardinal Cajetan kommen. Luther will kaiserliches Geleit und weil das auf sich warten läßt, sticheln die Anhänger des Kardinals, warum er denn nicht ohne Geleit vor Cajetan erscheinen wolle, der ihn doch mit der größten Güte behandeln werde. Es gehe für Luther doch nur um sechs Buchstaben: REVOCO (revoco, widerrufe!) Luther erwidert den schlauen Römern, er wäre mit ihnen ganz einverstanden, wenn nicht noch weitere acht Buchstaben im Spiel wären: OCCIDERE (occidere, töten).

Teufel an der Hand

An Luthers Hand fällt Beobachtern ein silberner Ring auf, mit einem Anhängsel daran, worauf einige Leute munkeln, Luther habe in der kleinen Kapsel am Ring den Teufel bei sich.

Nesseln statt Feuer

Vor seiner Reise nach Augsburg liest Luther 1518 in Weimar eine Messe. Danach kommt ein alter Mönch zu ihm und warnt ihn im Vertrauen vor Cajetan: »Die Italiener sind gelehrte Leute. Ich fürchte fast, Ihr werdet eure Ansicht vor ihnen nicht halten können. Sie verbrennen euch!«

»Mit Nesseln«, entgegnet Luther, »ging es wohl hin, aber mit Feuer wäre es mir zu heiß.«

Wutausbruch

Kardinal Cajetan bekommt einen Wutausbruch, als Luther ihm mitteilt, daß er seine Thesen gegen den Ablaßhandel nicht widerrufen werde. Der Römer wirft mit Papieren und Dokumenten um sich und donnert so laut, daß Luther kaum mehr zu Wort kommt. Als Cajetan fragt: »Meinst du, Fürsten und Herren werden sich deiner annehmen oder dich wider den römischen Stuhl verteidigen? Wo willst du sicher sein und bleiben?« Da antwortet Luther unbekümmert: »Unterm Himmel!«

Ritt ohne Hosen

Wegen des aufgebrachten Cajetan entschließt sich Luther, Hals über Kopf aus Augsburg zu fliehen. Er verschafft sich in aller Eile ein Pferd, und ein Vertrauter öffnet ihm das kleine Einlaßtor in der Stadtmauer, gibt ihm einen Zehrpfennig. Allerdings flüchtet der streitbare Wittenberger in der großen Hast ohne Reithosen, ohne Stiefel und ohne Sporen und erreicht deshalb vollkommen erschöpft und wundgescheuert sein erstes, acht Meilen entferntes Ziel. Luther verrät: »Wie ich des Abends in die Herberge kam, war ich so müde, daß ich, als ich im Stalle abstieg, nicht stehen konnte, sondern stracks in die Streu fiel.«

Das Nelkensträußchen

Im Sommer 1519, bei der mehrtägigen Disputation gegen Dr. Eck auf der Leipziger Pleißenburg, fällt Luther durch sein lockeres Benehmen aus dem Rahmen. Vor den Augen etlicher hundert Zuhörer läßt er den Theologen Eck wettern und beachtet vielmehr ein Nelkensträußchen, das er vom Feld mitgebracht und in der Hand hält. Luther schnuppert lustvoll an seinen Blumen und bringt den Gelehrten aus Ingolstadt durch diese scheinbare Gelassenheit mehr und mehr in Rage.

Hofnarr und Luther

Die Debatte zwischen Luther und Eck findet im Schloß des Leipziger Herzogs Georg statt, der an einigen Veranstaltungen teilnimmt und seinen Hofnarren mitbringt. Dem Spaßmacher wird erzählt, Luther und Eck stritten über die Hochzeit des Narren. Eck sei gegen eine Frau, Luther für die Vermählung. Der Narr schaut böse zu Eck hinüber. Der Professor hält dafür mit dem Zeigefinger sein rechtes Auge zu – und der Narr merkt, wie sich der Theologe über seine Einäugigkeit lustig macht. Unter dem Gelächter der Zuhörer zetert der Hofnarr gegen Luthers Widersacher.

Sorgengeplagt, doch scherzhaft

Ein Beobachter in Leipzig beschreibt den fünfunddreißigjährigen Luther so: »Martinus ist mittlerer Leibeslänge, von hagerem, durch Sorgen und Studieren erschöpftem Körper, so daß man fast die Knochen durch die Haut zählen könnte, von männlichem, frischem Alter und hoher klarer Stimme. In Gesellschaft ist er lustig, scherzhaft, lebhaft und immer freudig, immer munter und fröhlichen Gesichts. Nur den einen Fehler tadeln alle an ihm, daß er im Schelten etwas zu heftig und beißend sei, mehr als es für einen, der in der Theologie neue Pfade finden will, sicher und für einen Gottesgelehrten schicklich ist.«

Jung und stark

Karl von Miltitz, päpstlicher Kammerherr, Sohn meißnischer Kleinadliger, will Luther mit Rom aussöhnen. Als er den unliebsamen Gegner 1519 in Altenburg erstmals trifft, staunt er: »O lieber Martin, ich dachte, du wärst ein alter, abgelebter Theologus, der hinterm Ofen säße und mit sich disputiere. Aber ich sehe, daß du noch ein junger, starker Mann bist.«

Nicht mit dem Schwert

Der Ritter Franz von Sickingen lebt zu Zeiten Luthers, ist ein Freund der evangelischen Lehre und will ihre Erhaltung und Ausbreitung gern mit Waffengewalt durchsetzen, weil er »Zeit seines Lebens ein männlich und trotzig Gemüt hatte und auch behielt bis an seinen Tod«. Als des Ritters Schloß anno 1523 von den verbündeten Fürsten erstürmt wird und er selbst dabei ums Leben kommt, sehen viele seinen Tod als einen großen Schlag gegen die evangelische Sache an. Luther aber, als er die Todesnachricht erhält, meint: »Der Herr ist gerecht, aber wunderbar. Er will seinem Evangelium nicht mit dem Schwert helfen.«

Luther laut und leise

Mit Kot beworfen

Als der Papst am 15. Juni 1520 schriftlich den Bann gegen Luther androht und die Bannandrohungsbulle in der Heimat Luthers bekannt gemacht wird, erbost das viele Menschen. In Leipzig, Torgau und Döbeln wird das päpstliche Papier mit Kot beworfen und zerrissen. Ganz zur Genugtuung Luthers.

Begehrte Bilder

Beim Reichstag zu Worms, Anfang 1521, machen Händler mit den Schriften Luthers ein gutes Geschäft. In der Stadt gibt es auch Bilder des mittlerweile berühmten Wittenbergers. Sie sind bei Freund und Feind gleichermaßen begehrt und im Nu ausverkauft. Als der päpstliche Botschafter Hieronymus Aleander ein Lutherporträt kaufen will, gibt es zu seinem Verdruß keine mehr.

Bulle im Feuer

Am Vormittag des 10. Dezember 1520 eilen die Wittenberger Studenten und Magister auf den Schindanger vor das Elstertor, nachdem am Morgen an der Kirchtür dazu eingeladen wurde. In einem lodernden Feuer läßt Luther das Gesetzbuch der römischen Christenheit verbrennen, das Corpus juris canonici. In seiner Hand hält der Doktor auch ein dünnes Druckwerk, das er nach einigem Zögern in die Flammen wirft und murmelt: »Weil du den Heiligen Herrn Christus geschändet hast, so schände dich das ewige Feuer.« Es ist die päpstliche Bannandrohungsbulle. Tags darauf fordert Luther sogar, daß der Heilige Stuhl samt Papst und dessen Lehre verbrannt werden müsse.

Am 3. Januar 1521 wird der Bann über Luther verhängt.

Zitternder Meuchelmörder

Vor dem Schwarzen Kloster wird Luther an einem Abend des Jahres 1520 von einem Mann angesprochen, der fragt, warum er so allein gehe. Luther schaut den anderen scharf an und sagt mit fester Stimme: »Ich stehe in Gottes Händen, der ist mein Schutz und Schirm, was kann mir ein Mensch tun?«

Der Mann, den Luther nicht ohne Grund für einen Meuchelmörder hält, ist von diesen Worten so sehr aus der Fassung gebracht, daß er erblaßt und zitternd aus dem Tor verschwindet.

Empfang für Luthers Wagen

Mit einem Rollwagen macht sich Luther auf den Weg zum Reichstag nach Worms zum Kaiser, um dort seine Thesen zu bekräftigen. Wenn Luther durch die Orte fährt, jubeln ihm die Menschen zu. In Erfurt erschallen für ihn vom Turm des Martinstores Trompeten. Auch durch die Warnung, er werde wie dereinst der Ketzer Jan Hus zu Konstanz enden, läßt sich Luther nicht beirren.

So viel Teufel wie Ziegel

Wegen des Banns gegen ihn wird Luther gewarnt, nach Worms zum Kaiser zu fahren. Doch der Doktor sagt unerschrocken: »Und wenn soviel Teufel zu Worms wären, als Ziegel auf den Dächern, so wollte ich doch hinein!«

Vier Morde pro Nacht

Luther kommt in ein Worms, das während der Zeit des Reichstages voller Trubel ist, mit achtzig Fürsten, 130 Grafen und vielen weiteren Botschaftern samt Gefolge als hochrangigen Gästen. Allerdings müssen sich die Städter des Nachts fürchten, es werden nicht selten drei oder vier Menschen ermordet, berichtet ein Zeuge, der glaubt: »Es gehet ganz auf römisch hier zu mit dem Morden und Stehlen. Es ist kein Fasten bei uns, man ißt Fleisch,

Tauben, Eier, Milch und Käse, und es ist ein solches Wesen wie in Frau Venus Berg. Auch wisset, daß viele Herren und fremde Leute hier sterben, die sich alle zu Tod trinken an dem starken Weine.«

Alle wollen Luther sehen

Als der Reformator am 16. April 1521 vormittags in Worms eintrifft, strömen zweitausend der siebentausend Einwohner von Worms dem Wagen aus Wittenberg entgegen. Viele steigen sogar auf die Dächer und Häuser, um Doktor Martin zu sehen. Ein Priester schließt den Wittenberger in seine Arme, berührt dreimal ehrfurchtsvoll das Gewand Luthers und ist im Weggehen so angetan, als hätte er eine Reliquie der allergrößten Heiligen in Händen gehalten. Manche vermuten, es wird über Luther bald heißen, er könne Wunder vollbringen.

Besinnung mit der Laute

In der Nacht vor seinem ersten Auftritt vor Kaiser Karl V. zu Worms beruhigt Martin Luther sein Gemüt mit Musik. Der Mönch steht am Fenster seiner Herberge, betrachtet den Himmel, von wo er Hilfe erwartet. Er spielt die Laute, deren sanfte Töne schon so oft sein Gemüt beruhigt haben.

Mönchlein, Mönchlein

Als Luther auf dem Reichstag erscheint, trifft er auf einen mutigen und berühmten Soldaten, Georg von Frundsberg. Der schon ergraute Kriegsheld und einstige Teilnehmer der Schlacht bei Vicenza klopft Luther auf die Schulter und sagt zu ihm: »Mönchlein, Mönchlein, du gehst jetzt einen schweren Gang, dergleichen ich und mancher Oberster auch in unserer ernstesten Schlachtordnung nicht getan haben. Bist du aufrechter Meinung und deiner Sache gewiß, so fahre in Gottes Namen fort. Gott wird dich nicht verlassen!«

Riskante Erfrischung

Als Luther vor dem Reichstag steht, vom langen Sprechen fast einer Ohnmacht nahe, schickt Herzog Erich von Braunschweig ihm noch auf den Hof des Bischofspalastes einen frischen Trunk in einer silbernen Kanne, damit er sich daran erquicke. Ängstliche Freunde Luthers reden auf ihn ein und warnen, der Herzog sei ein Feind, und es könnte Gift in dem Trunke sein. Luther aber greift beherzt zu, trinkt und dankt dafür: »Wie Herzog Erich meiner jetzt gedacht hat, so gedenke Gott seiner in der letzten Stunde!« Mit stiller Freude erinnert sich der Herzog später dieser edlen Worte auf seinem Sterbebett.

Bitte Bedenkzeit!

Beim ersten Verhör vor dem Kaiser, am 17. April 1521, liegen auf einem Tisch im Saal viele Schriften Luthers, die er widerrufen oder zu denen er sich bekennen soll. Er bittet den Kaiser und die Fürsten um eine Bedenkzeit, »auf daß ich ohne Nachteil von Gottes Wort und ohne Gefahr für meiner Seele Seligkeit auf die vorgehaltenen Fragestücke richtig antworten möge«.

Stickige Luft

Beim zweiten Verhör Luthers vor dem Kaiser in Worms fehlen die päpstlichen Botschafter, weil für sie bereits mit den ersten Auslassungen Luthers am Vortag klar ist, daß der Theologe ein gefährlicher Ketzer ist, der die Lehre seiner päpstlichen Heiligkeit in Frage stellt und mit deutlichen Worten verdammt. Dafür kommen so viele andere Gäste zu Luther, daß dieses Verhör in einem größeren Saal stattfinden muß. Weil brennende Fackeln Licht spenden, wird es im Raum so stickig, daß Luther bei seinen Ausführungen ins Schwitzen gerät.

Der Kaiser spricht

Luthers Verteidigung in Worms macht auf den Kaiser einen solchen Eindruck, daß er voll Verwunderung ausruft: »Der Mönch redet unerschrocken und mit getrostem Mute.« Nicht weniger erstaunt sind die übrigen Anwesenden über das heldenmütige Auftreten Luthers und dessen Bereitwilligkeit, für die Wahrheit zu sterben. Die Entschlossenheit Luthers ist auch Kaiser Maximilian I. nicht entgangen. Er äußert laut: »Es ist schade um Luther, daß er ein Mönch geworden. Lieber sähe ich ihn bei meinem Heere.« Die spanischen und römischen Begleiter Karls V. spotten indes über den armseligen Schmiedssohn, wie sie Luther nennen, als wäre er ein Nichts. Der junge Karl V. entgegnet mit Weitblick: »Lacht immerhin! Das Mönchlein wird in kurzer Zeit in Kirche und Staat mehr Lärmen machen, als sein Vater Jahre hindurch auf seinem Amboß gemacht hat.«

Schlaflose Stunden

Einen Tag Bedenkzeit räumt der Kaiser dem Wittenberger ein, um seine Thesen zu widerrufen. In der Nacht zum 18. April findet Luther kaum Schlaf. Es liegt weniger an seiner Nervosität vor dem neuerlichen Auftritt. Vielmehr melden sich bis zur späten Stunde hohe Herren, Ritter, Geistliche, Patrizier und Gelehrte bei dem Siebenunddreißigjährigen an, um ihm Mut und Beistand zuzusprechen. »Fasse Mut und sei stark«, schreibt Ulrich von Hutten an Luther.

Warnung am Rathaus

Am Wormser Rathaus findet man nach den Reichstags-Verhören einen Zettel, worauf der Kaiser gebeten wird, Luther nicht ohne ein weiteres Verhör zu verdammen. Mit der Warnung, falls es geschehe, so solle der Kaiser wissen, daß 400 vom Adel sich Martin Luthers annehmen wollen, ihn zu behalten und gegen seine Widersacher zu handeln. Der Kaiser lehnt ein weiteres Verhör ab, schwört, sein Leben, Blut, die Herrschaft und das Reich allein für den katholischen Glauben und die römische Kirche einzusetzen. Dann gibt es doch noch eine Verhandlung, ohne den Kaiser und ohne Erfolg für Rom: Luther bleibt bei seiner ketzerischen Meinung.

Mönch gegen Kaiser

In den Tagen nach dem Wormser Reichstag ist Luther ein deutscher Volksheld. Bei den einfachen Menschen herrscht der Eindruck vor: Ein kleiner, armer Mönch habe es siegreich gewagt, gegen den Kaiser anzusprechen. In Wahrheit schwebt Luther in höchster Lebensgefahr. Luther denkt oft an Jan Hus: Der tschechische Reformator war 1415 während des Konzils von Konstanz im Namen der römischen Kirche verbrannt worden.

Süßer Wein zum Abschied

Ein päpstlicher Botschafter beobachtet argwöhnisch Luthers Abschied aus Worms: »So ist denn der ehrwürdige Schurke gestern bei drei Stunden vor Mittag mit zwei Wagen abgereist, nachdem er sich eigenhändig, in Gegenwart vieler Personen viele Brotschnitten geröstet und manches Glas Malvasier, den er außerordentlich liebt, getrunken. Vor dem Tore empfingen ihn zwanzig Reiter, die ihm vermutlich Sickingen auf Huttens Betrieb geschickt hatte.«

Cranach weiß Bescheid

Seinem Freund Lukas Cranach schreibt Luther aus Frankfurt/Main noch einen Brief, bevor die geplante Entführung zur Wartburg stattfindet: »Ich lasse mich eintun und verbergen, weiß selbst noch nicht wo. Es muß eine kleine Zeit geschwiegen und gelitten werden.«

Entführung zur Wartburg

Luther ist in den waghalsigen Plan des sächsischen Hofes und des Kurfürsten, genannt »Fuchs von Sachsen«, eingeweiht worden. Der Doktor soll auf dem Weg nach Wittenberg entführt und nach der Wartburg in Sicherheit gebracht werden. So geschieht es am 4. Mai. Ein Haufen bewaffneter Reiter bringt in der Abenddämmerung Luthers Pferdewagen zum Stehen und führt trotz des Einspruchs eines Begleiters den höchst gefährdeten Luther davon. Außer Sichtweite, bekommt Luther ein eigenes Pferd, mit dem er die turbulente und abenteuerliche Flucht fortsetzt.

Bücher gerettet

Bei dem fingierten Überfall geht es so hektisch zu, daß Luther beinahe seine geliebten Bücher verliert. Im letzten Moment kann er nach der Heiligen Schrift in lateinischer Sprache und einer hebräischen Bibel greifen und sie so mit auf die Wartburg nehmen.

Bei Nacht ins Schloß

Ein Bericht aus Luthers Zeit erzählt von der Entführung zur Wartburg: »Da sie den Luther erfraget und er bekennet, daß er es wäre, setzen sie ihn auf einen Gaul und führen ihn im Walde hin und wieder, bis in die sinkende Nacht, ins Schloß Wartburg, hoch über Eisenach. Da verschlossen sie ihn als einen Gefangenen zum allerhärtesten in ein Gemach, das von allen Leuten einsam war. Auch wußte der Torwächter nichts anderes, denn es wäre ein Übeltäter auf der Straßen aufgefangen und allda ins Gefängnis bracht. Aber gleichwohl hat man einen einzelnen Edelknaben seiner mit Zutragung von Essen und Trinken aufwarten lassen.« So verschwindet Luther aus dem Blickfeld, und nur ganz wenige wissen, wo er für die nächsten zehn Monate zu finden ist.

Lebenslang vogelfrei

Der päpstliche Botschafter Aleander entwirft die Achterklärung gegen Luther. Kaiser Karl V. unterzeichnet sie am 26. Mai, als Luther schon auf der sicheren Wartburg weilt. Das Schriftstück wird mit dem Datum vom 8. Mai versehen, um den Anschein zu erwecken, die Achterklärung sei auf einen vollgültigen Reichstagsbeschluß zurückzuführen. Darin wird erklärt, ab dem 14. Mai sei »allen sämtlich und sonderlich« geboten, daß »ihr Luther nicht hauset, höfet, ätzet, tränket, noch enthaltet, noch ihm mit Worten oder Werken heimlich oder öffentlich keinerlei Hilfe, Anhang, Beistand oder Fürschub beweiset, sondern, wo ihr ihn alsdann ankommt und betretet und deß mächtig sein mögt, ihn gefangen nehmt und uns wohlbehalten zusendet.« Luther ist vogelfrei. Jedermann darf ihn fangen. Das Urteil gilt auf Lebenszeit.

Leiche in der Silbermine

Als Luther wie vom Erdboden verschluckt urplötzlich verschwunden ist, kursieren in deutschen Landen Gerüchte über den Verbleib des berühmten Mannes. Man erzählt sich, er sei in einer Silbermine aufgefunden worden, durchbohrt mit einem Stoßdegen. Ein Zeitgenosse schreibt: »Den Luther sind wir nach unserem Willen los. Aber das Volk ist so aufgebracht, daß ich fürchte, wir kommen schwerlich mit dem Leben davon, wenn wir ihn nicht mit angezündeten Kerzen überall suchen und zurückrufen.«

Dürers Sorge

Der Maler Albrecht Dürer hört in den Niederlanden vom Verschwinden Luthers und macht sich Sorgen. In sein Tagebuch schreibt er: »Lebt er noch, oder haben sie ihn ermordet? O Gott, ist Luther tot, wer wird uns hinfort das heilige Evangelium so klar vortragen?«

Friedrich der Ahnungslose

Sachsens Kurfürst Friedrich der Weise, der länger als Luther in Worms weilt, spielt den Ahnungslosen. Reinen Gewissens sagt er, er habe keine Ahnung, wo Luther sei. Tatsächlich kennt der Kurfürst nicht den Ort des Verstecks. Einige glauben ihm nicht, vermuten zu Recht, daß der Fürst an dem Verschwinden seines Landessohnes Luthers mitgewirkt hat, müssen aber den Beweis schuldig bleiben.

Ketzer mit Heiligenschein

Nach seiner Abreise aus Worms sendet Luther von der Reise aus ein Sendschreiben an den Kaiser und eines an die Stände, um sich nochmals zu verteidigen. Letzteres Papier wird von Lutheranhängern als Flugschrift gedruckt. Die Verehrer bilden ein Lutherporträt auf dem Titel ab, das den Theologen mit einem Heiligenschein und der Taube über dem Haupt zeigt.

Irren all die anderen?

Die erste Zeit auf der Wartburg nach den ungeheuren Aufregungen in Worms beschert Luther neue Seelenkämpfe. Oft zappelt sein Herz vor Furcht, sagt er. Er leidet unter Selbstzweifeln. Als er langsam sein Selbstvertrauen wiederfindet, schreibt er seinen Freunden, er würde vor dem Reichstag jetzt noch deutlicher seine Meinung sagen. Der Kaiser hätte noch ganz andere Dinge zu hören bekommen müssen.

Bart und Haare wachsen

Aus dem Mönch mit Tonsur und rasiertem Gesicht wird auf der Wartburg äußerlich ein Mann mit vollem Haar und Bart. Getreu den Sitten auf der Wartburg trägt Martin ein Schwert, versucht sich an ritterlichem Gebaren. Das allerdings fällt Luther schwer, der bislang nur seine Erfahrungen an Schulen, Klöstern, Universitäten und in Studierstuben gesammelt hat. Wer er wirklich ist, weiß nur der Burghauptmann.

Deckname Junker Jörg

Luther nennt sich auf der Wartburg Junker Jörg. Vorbild ist der Drachentöter Georg, Schutzpatron der Stadt Eisenach. In der Tracht eines Edelmannes fällt der vermeintliche Junker unter den Rittern auf der Burg kaum auf.

Luthers Stube

Im Obergeschoß der Burgvogtei bewohnt Luther ein wenige Quadratmeter großes Zimmer, in das meist nur das Heulen des Windes dringt und im Frühling und Sommer das Zwitschern der Vögel. Der Raum ist mit Holzbohlen ausgekleidet, aus dem Fenster schaut er über die Weiten der dunklen Wälder und Äcker. Nicht nur einmal bereitet ihm die abgeschiedene Stube seelische Probleme, dann nimmt er Poltergeister wahr und Gespenster.

Spuk auf der Burg

Eines Nachts auf der Wartburg schießt es einmal hinter dem Ofen mit Haselnüssen hervor, was Luther dem Teufel zuschreibt. Ein andermal findet Luther einen Hund in seinem Bett. Er nimmt ihn, wirft ihn zum Fenster hinaus. Weil Luther kein Jaulen hört, fragt er am nächsten Morgen den Burghauptmann Hans von Berlepsch, ob es Hunde im Schloß gebe. Der Hauptmann sagt, es gebe hier keine Hunde.

»So war es der Teufel«, antwortet Luther.

Jagend als Junker

Wenige Male läßt sich Luther überreden, von der Wartburg aus mit den anderen Rittern zur Jagd zu reiten. Er sagt: »Ich bin zwei Tage auf der Jagd gewesen und habe die süßlich bittere Luft der großen Helden auch kosten wollen. Wir haben zwei Hasen und ein paar Rebhühner gefangen. Ein Geschäft, das sich wohl für müßige Leute schickt; denn ich habe auch unter Netzen und Hunden theologische Gedanken gehabt.«

Armer Hase

Bei der Jagd fängt Luther mit viel Mühe ein junges Häschen und hält es am Leben. Er packt es sorgfältig in seinen Reiserock. Doch die Hunde spüren den armen Hasen auf, als sich Luther ein paar Meter entfernt hat. Sie beißen dem Hasen durch den Rockstoff hindurch den rechten Lauf ab und erwürgen ihn darauf vollends. Als Luther dies sieht, sagt er: »Ich bin dieser Jagd satt, sie macht mir mehr Mißvergnügen und Mitleiden als Freude.«

Burg als deutsche Kanzel

Weil ihm auf der Wartburg eine echte Kirchgemeinde fehlt, schreibt Luther Predigten für eine imaginäre Schar von Gläubigen, die später als »Deutsche Kirchenpostille« gedruckt erscheinen. So wird die Wartburg Luthers höchste, wenn auch einsamste deutsche Kanzel.

Mein Patmos

In den Briefen, die Luther von der Wartburg an seine Getreuen schreibt, macht er am Ende meist eine ironische Bemerkung zu seinem hochgelegenen, abgeschiedenen Aufenthaltsort, den er als Region der Vögel, Einöde, Eremitenklause, Wüstenei, Versteck – und als »mein Patmos« bezeichnet. Auf diese griechische Insel war einst der Apostel Johannes verbannt.

Glückwunsch zur Priester-Hochzeit

In jener Zeit, da Luther auf der Wartburg lebt, bricht einer seiner einstigen Erfurter Studenten als einer der ersten das einem Priester auferlegte Zölibat. Als Luther hört, daß jener Bartholomäus Bernhardi unter Berufung auf Luthers Schriften heiratet, gratuliert er indirekt: »Der junge Ehemann hat einen erstaunlichen Mut, weil er nichts fürchtet in dieser tumultvollen Zeit.«

Zu üppige Burgkost

Luther leidet auf der Wartburg nicht nur seelisch an seiner Einsamkeit, sondern auch körperlich an den üppigen Gelagen der Rittersleute. Einmal schreibt er: »Es sind schon acht Tage, daß ich nichts schreibe, nicht bete noch studiere, teils von Versuchungen des Fleisches, teils durch andere Beschwerden gequält. Wenn mein Zustand nicht besser wird, werde ich mein Inkognito aufgeben und nach Erfurt ziehen. Denn ich muß Ärzte oder Chirurgen konsultieren. Ich kann das Übel nicht länger aushalten. Zehn große Wunden könnte ich leichter ertragen als diese kleine Verletzung des Mastdarms.«

Schwein aus Dresden

Einen Herrscher haßt Luther ganz besonders, Georg den Bärtigen, Herzog von Sachsen. Der gebürtige Meißner, der in Dresden residiert, verteidigt die katholische Kirche erbarmungslos. Seinen Vetter, den Luther-Gönner Friedrich den Weisen, beobachtet der Herzog besonders argwöhnisch – aufgrund seiner liberalen Haltung. Für Luther ist Herzog Georg nur das »Schwein aus Dresden«.

Fürsten sind Räuber

Luther leidet auf der Wartburg an keinerlei leiblichen Entbehrungen, was ihn aber wiederum in Sorgen stürzt. Er fürchtet, daß der geschätzte Burghauptmann Hans von Berlepsch die Gastfreundschaft aus der eigenen Tasche finanziert und nicht der sächsische Kurfürst Friedrich der Weise. Vom Burghauptmann will Luther aber derlei Geschenke nicht annehmen. Wohl ist ihm nur, wenn der Kurfürst zahlt. Luther sagt: »Wenn die Mittel irgendeines Menschen vertilgt werden müssen, dann sind es die der Fürsten. Denn: ein Fürst und zugleich kein Räuber sein, das ist entweder gar nicht oder kaum möglich, und je mächtiger der Fürst ist, wird er auch ein desto größerer Räuber sein.«

Falsche Fährte

Als sich unter Luthers Feinden das Gerücht breitmacht, der Ketzer halte sich auf der Wartburg versteckt, lockt Luther selbst seine Verfolger auf die falsche Fährte. Er schreibt einen Brief, der den Dominikanern zugespielt wird, worin es heißt: »Nur der Glaube der Klosterbrüder, die mich umgeben, ist bei mir. Wenn meine veröffentlichten Bücher es erfordern, will ich meinen Aufenthaltsort ändern. Es ist wunderbar, daß niemand an Böhmen denkt!«

Unerkannt durch Leipzig

Ohne es an die große Glocke zu hängen, verläßt Luther für einige Zeit die Wartburg. Denn in Wittenberg überschlagen sich die Ereignisse, es gibt Tumulte und blutigen Streit. Unterwegs, zur Mittagszeit auf dem Leipziger Brühl, bewirtet Schankwirt Hans Wagner Junker Jörg. Als später Nachforschungen eingeleitet werden, gibt der Wirt zu Protokoll: »Es sei zu Mittag ein Reitender mit einem Knechte in grauen Reiterskleidern in sein Haus kommen, derselbig hab ein Bart gehabt und ein rot Barettlein, wie itzo gewöhnlich, unter dem Hute. Daselbige Barett habe er nicht wollen abtun, sondern fest aufgezogen, und als er wegwollen ziehen, habe er die Reiterskappe im Stalle angetan, sei also nach gehaltener Mahlzeit wieder weggeritten.«

Nach acht Tagen kam Luther noch einmal zum Leipziger Schankwirt und ließ sich ein Essen servieren.

Heimlich in seiner Stadt

Heimlich bleibt Luther für drei Tage in Wittenberg bei seinem Vertrauten Nikolaus Amsdorf. Als auf einmal bekannt wird, daß der Doktor im Ort sei, verläßt der Gesuchte still und schnell, wie er gekommen ist, seine Stadt in Richtung Eisenach und Wartburg.

Abends zu Jena

Abends zu Jena im Schwarzen Bären trifft Luther zwei junge Studenten aus der Schweiz, Johannes Keßler und Johannes Ruetingen von Sankt Gallen. Keßler erinnert sich: In der Stube finden wir einen Mann bei Tisch, allein sitzend und ein Büchlein vor den Augen. Er grüßt uns freundlich, lädt uns ein, daß wir an seinen Tisch kommen. Er bietet uns an, mitzutrinken, was wir nicht abschlagen können. Wir vermuten, es ist ein Reiter, der so nach Landesgewohnheit mit einem roten Schläpli, bloßen Hosen und Wams, ein Schwert an der Seiten, mit der rechten Hand des Schwertes Knopf, mit der anderen das Heft umfangend. Da fragen wir ihn: Mein Herr, wüßtet ihr uns nicht zu bescheiden, ob Martin Luther jetzomalen zu Wittenberg sei. Der Mann antwortet uns: Ich habe gewisse Nachricht, daß der Luther jetzomalen nicht zu Wittenberg ist, er soll aber bald dahin kommen. Philipp Melanchthon aber ist dort, er lehrt die griechische Sprache. Als die beiden Studenten einige Tage später im Hause ihres Landsmannes Hieronymus Schurf in Wittenberg weilen, sehen sie plötzlich den Reitersmann aus Jena an der Seite Melanchthons. Als Luther die beiden Schweizer sieht, lächelt er und grüßt sie freundlich. Mit dem Finger auf seinen Freund zeigend, sagt Luther: »Dies ist der Philipp Melanchthon, von dem ich euch erzählt habe.«

Kraftvolles Deutsch

Luther beginnt im Dezember 1521 mit der Übersetzung der Bibel ins Deutsche. Anders als andere Dolmetscher vor ihm findet er eine kraftvolle deutsche Sprache, wie sie auch das Volk versteht. Vor Luther übersetzte einer die Bibel so ins Deutsche: »Anruf mich am Tage des Trübsals und ich erlös dich und du ehrst mich.« Luther verdeutscht das Original so: »Rufe mich in der Not, so will ich dich erretten und du sollst mich preisen.«

Was Sprachen sind

Luther reimt: »Die Sprachen sind die Scheiden, / Darin dies Messer des Geistes steckt. / Sie sind der Schrein, / Darinnen man dies Kleinod trägt. / Sie sind das Gefäß, / Darinnen man diesen Trank faßt. / Sie sind die Kemenate, / Darinnen diese Speise liegt. / Sie sind die Körbe, / Darinnen man Brote und Fische und Brocken behält.

Vollkommenste Sprache

Luther liebt seine Muttersprache so sehr, daß er sagt: »Die deutsche Sprache ist die allervollkommenste, hat viel Gemeinschaft mit der griechischen Sprache.«

Ums Deutsche

Luther und Melanchthon streiten einmal, während der erstere das Neue Testament übersetzt, über eine Stelle. »Lieber Martin«, sagt der vorsichtige Melanchthon, »es ist mir nur ums Griechische!«

»Und mir nur ums Deutsche!« versetzt der schlagfertige Luther.

Von der Bibel

Luther sagt über die Heilige Schrift: »Die Bibel ist wie ein sehr großer weiter Wald, darinnen viel und allerlei Bäume stehen, davon man kann mancherlei Obst und Früchte brechen. Aber es ist kein Baum in diesem Walde, daran ich nicht geklopft und ein paar Äpfel oder Birnen davon gebrochen und abgeschüttelt habe.«

Wissen, was man sagt

Luther bekennt: »Ich kann weder Griechisch noch Hebräisch sprechen, ich will aber dennoch einem Hebräer und Griechen ziemlich begegnen. Aber die Sprachen machen für sich selbst keinen Theologen, sondern sind nur eine Hilfe. Denn, soll einer von einem Ding reden, so muß er die Sache zuvor wissen und verstehen.«

Verliebt in lieb

Luther ist ins Wörtchen lieb verliebt: »Sie dürfen für mein Dolmetschen nicht Antwort geben noch Rechenschaft tun. Das hörst Du wohl, ich will sagen: Du holdselige Maria, Du liebe Maria; und laß sie sagen: Du voll Gnaden Maria. Wer Deutsch kann, der weiß wohl, welch ein herzlich feines Wort das ist: die liebe Maria, der liebe Gott, der liebe Kaiser, der liebe Fürst, der liebe Mann, das liebe Kind. Und ich weiß nicht, ob man das Wort liebe auch so herzlich und genugsam in lateinischer oder andern Sprachen reden möge, daß es also dringe und klinge ins Herz durch alle Sinne, wie es tut in unserer Sprache.«

Tagelange Grübelei

Bei seiner Bibelübersetzung auf der Wartburg grübelt Luther oft stundenlang über einzelne Wörter nach, manchmal sogar drei bis vier Tage über einen Begriff, wie er selbst in seinem »Sendbrief vom Dolmetschen« bemerkt.

Klötzer aus dem Weg

Erfreut stellt Luther nach seiner Bibelübersetzung fest, daß nun ein jeder mit den Augen über die Seiten fliegen könne und man nicht mehr am Text anstoße. Keiner merke mehr, welche Klötze da gelegen haben, wenn er jetzt wie über ein gehobeltes Brett hinweggleiten könne. Er habe schwitzen müssen und sich ängstigen, bevor die Wacken und Klötze aus dem Weg geräumt waren.

Schlachters Sprache

Damit Luther auch die richtigen und verständlichen deutschen Worte für seine Bibelübersetzung findet, geht er sogar extra zum Schlachter, der ihm erklärt, wie die Stücke am Vieh in unserer Sprache genannt werden. Der Pfarrer und Lutherschüler Johann Mathesius schreibt über die Sprachrecherchen Luthers: »Er ließ sich etliche Schöpse abstechen, damit ihm ein deutscher Fleischer berichte, wie man ein Jedes am Schaf nennet.«

Affen und Pfauen

Von der Mitarbeit einiger junger Gelehrter verspricht sich Luther zunächst viel. Doch nach einigen einschlägigen Erfahrungen äußert er einmal mit feiner Ironie: »Wenns mir nur nicht geht wie dem König Salomo, der auf was Köstliches aus Indien hoffte und dafür Affen und Pfauen erhielt.«

Nur keine Hofwörter

Zu seinem Gefährten, dem Theologen Georg Burkhardt Spalatin, sagt Luther während des Dolmetschens der Bibel: »Helfet mir die Wörter zurechtsetzen, aber so, daß ihr gemeine, keine Hof- und Schloßwörter an die Hand gebet; denn dieses Buch will nur auf gemeine und einfache Art erklärt sein.«

Meine Übersetzung

Luther wappnet sich gegen mögliche Kritik an seiner Bibelübersetzung, indem er sagt: »Daß ich das Neue Testament verdeutscht habe, habe ich damit niemand gezwungen, daß er's lese, und allein zu Dienst getan denen, die es nicht besser machen können. Ist niemand verboten, ein besseres zu machen. Es ist meine Dolmetschung und soll meine bleiben und sein.«

Nach sächsischer Art

Grundlage für Luthers Bibeldeutsch ist neben der Volkssprache und seinen eigenen Wortkreationen das offizielle sächsische Kanzleideutsch: »Ich habe keine gewisse, sonderliche, eigene Sprache im Deutschen, sondern gebrauche der gemeinen deutschen Sprache, daß mich beide, Ober- und Niederländer, verstehen mögen. Ich rede nach der sächsischen Kanzlei, welcher alle Fürsten und Könige in Deutschland nachfolgen; alle Reichsstädte, Fürstenhöfe schreiben nach der sächsischen und unseres Fürsten Kanzlei, darum ist's auch die gemeinste deutsche Sprache.«

Bibel ausverkauft

Erstmals gedruckt wird Luthers Neues Testament, das er in der unglaublich kurzen Zeit von drei Monaten übersetzte, in der zweiten Hälfte des Jahres 1522. Das Buch erscheint am 21. September zur Leipziger Herbstmesse und bekommt so seinen Namen »Septembertestament«. Die dreitausend Exemplare sind im Handumdrehen verkauft. Noch im selben Jahr gehen zwölf Nachauflagen in Druck. Luther verdient an keiner seiner erfolgreichen Publikationen auch nur einen Gulden. Er verzichtet freiwillig darauf.

Worterfinder

Für seinen deutschen Bibeltext findet Luther neue Wortschöpfungen wie die heute allgegenwärtigen Begriffe: der Lückenbüßer, die Friedfertigen, das Machtwort, die Herzenslust, nacheifern oder deuteln.

Gewaltiger Dolmetscher

Als einen »gewaltigen Dolmetscher« der Bibel bezeichnen Luther schon seine Zeitgenossen, etwa Justus Jonas: »Es haben auch die Kanzleien zum Teil von ihm gelernt, recht Deutsch zu schreiben und reden. Denn er hat die deutsche Sprache wieder recht hervorgebracht, daß man nun wieder kann recht Deutsch reden und schreiben, wie das viel hoher Leute müssen zeugen und bekennen.«

Goldene Feder

Stolz sagt Luther einmal: »Ich bin durch die Schreibfeder so weit gekommen, daß ich jetzt nicht mit dem türkischen Kaiser tauschen möchte, daß ich sein Gut soll haben und meiner Kunst entbehren. Ja, ich wollte der Welt Gut, viermal gehäuft, nicht dafür nehmen.«

Kein Heuchler

Luther bleibt grundsätzlich ehrlich, auch wenn es manchmal strategisch unklug scheint: »Sollt ich je einen Fehler haben, so ist mir's lieber, daß ich zu hart rede und die Wahrheit unvernünftig herausstoße, denn daß ich irgendeinmal heuchelte und die Wahrheit inne behielte.«

Scharf statt stumpf

Herzog Georg beschwert sich einmal darüber, daß zwei Schriften Luthers allzu scharf seien. Der Kurfürst von Sachsen spricht darauf gegen Luther einen Verweis aus. Luther antwortet: »Daß vielleicht etliche vorgeben, die zwei Schriften seien scharf und geschwinde, das ist wahrlich wahr. Ich hab's auch nicht darum geschrieben, daß es stumpf und gelinde sein sollte, und ist mir das allein leid, daß es nicht schärfer und heftiger ist.«

Gottes guter Donner

Als Luther anno 1532 von Markgraf Joachim II. gefragt wird, warum er immer so heftig schreibe, antwortet Luther: »Wenn Gott das Erdreich will fruchtbar machen, läßt er zuvor einen guten Donner fürher gehen, darauf sein gemächlich Regen; also befruchtet sich das Erdreich durch und durch.«

Mild durch Kopfschmerzen

Gegen den Herzog von Wolfenbüttel schreibt Luther seine Schrift »Wider Hans Worst«. Der Reformator beleidigt den Katholiken in einem derben und unversöhnlichen Ton, nennt ihn den »Teufel zu Wolfenbüttel«. Und doch schreibt er darüber an Melanchthon: »Ich habe mein Buch wieder gelesen und wundere mich, was mir widerfahren ist, daß ich so maßvoll gewesen bin. Ich schreibe das meinem Kopfleiden zu, das mir nicht einen aufgeweckteren und kräftigeren Angriff zuließ.«

Streitsüchtiger Lehrer

Manch ein Schüler Luthers beschreibt den Lehrer wenig vorteilhaft. Er sei »von Natur aus hochmütig«, meint ein Wittenberger Student. Immer sei Luther streitsüchtig und rechthaberisch aufgetreten, und er habe keine Disputation abhalten können, ohne daß es zu »Hader und Gezänk« kam.

Zorn erfrischt

Nicht nur die Feinde, auch enge Freunde und sogar seine Ehefrau Käthe beschweren sich über die gelegentliche Heftigkeit des Doktors, der sich selbst der Bissigkeit bezichtigt. Aber es ist nun einmal sein Temperament. Darum sagt er auch von seinem tüchtigen Zorn: »Da erfrischt sich mir das ganze Geblüt.«

Das sind rechte Säue

So heftig Luther den Leuten ins Gesicht hinein schimpfen und wettern kann, er mag es nicht leiden, daß man hinter dem Rücken eines Menschen über diesen schlecht rede. Bei Tisch sagt Luther einmal: »Das sind rechte Säue, die im Garten Rosen und Veilchen nicht achten, sondern ihren Rüssel nur in Unflat stecken. Also tun die Verleumder auch. Großer Leute Tugenden verlieren sie aus den Augen. Wo sie aber einen Fehler oder Makel an einem merken, das pflegen sie auszubreiten und sich darin zu mästen.«

Bescheidener Autor

Bei allem Selbstbewußtsein gegenüber den Widersachern kann Luther äußerst selbstkritisch mit den eigenen Schriften umgehen. An Spalatin schreibt ein bescheidener Luther über seine 1517 erschienenen Bußpsalme: »Mir würde es am meisten gefallen, wenn sie niemandem gefielen. Sie sind so schwach und ohne Schriftzeugnisse, ferner ungeheuer wortreich, und die Erklärung ist noch nicht wörtlich genug.« In einer Vorrede Luthers zu einem Buch Melanchthons heißt es: »Ich habe selbst, das ist wahr, solche Bücher Melanchthons lieber denn die meinen, sehe dieselben auch lieber auf dem Platze denn die meinen.« Und als man den berühmten Reformator zur Herausgabe seiner Gesamtwerke auffordert, meint er, er würde sie lieber alle auffressen mögen, wie der Saturn seine Kinder, »denn keines meiner Bücher findet bei mir Gnade, höchstens das vom freien Willen und der Katechismus«.

Nicht lutherisch

Als Martin Luther merkt und begreift, daß er eine neue Konfession begründet hat, wehrt er sich dagegen, daß sie nach ihm benannt wird: »Du Narr, höre und laß Dir sagen: Zum Ersten bitte ich, man wolle meinen Namen nicht nennen und sich nicht Lutherisch, sondern Christen heißen. Was ist Luther? Ist doch die Lehre nicht mein. Ich bin auch für niemand gekreuzigt worden. Paulus wollte nicht leiden, daß die Christen sich Paulisch oder Petrisch nennen sollten, sondern Christen. Wie käme denn ich armer, stinkender Madensack dazu, daß man die Kinder Christi sollte mit einem heillosen Namen nennen? Ich bin und will keines Meister sein!«

Keine Kutte mehr

Im Herbst 1524 legt Luther die Mönchskutte ab, und am 9. Oktober trägt er zum erstenmal den schwarzen Rock, zu dem ihm der Kurfürst den Stoff geschenkt hat. Luther will nun auch das Kloster verlassen, aber er bekommt das ganze Kloster zu Wittenberg als Wohnung geschenkt. Es ist ein Freihaus, auf das Luther keine Steuern entrichten muß.

Schonet mich nicht!

Auf Befehl der Herzöge zu Sachsen hat Luther 1524 zu Jena gepredigt. Luthers Wittenberger Universitätskollege, der Philosoph und Theologe Andreas Rudolff-Bodenstein von Karlstadt, der dabei zugegen gewesen, fühlt sich getroffen, weil Luther ziemlich stark von Geistern des Mordes und Aufruhrs gesprochen hat. Er bittet sich nun Gehör bei Luther im Schwarzen Bären zu Jena aus, und Luther bewilligt es ihm. Karlstadt kommt. Nach wechselseitigen Vorwürfen gibt Luther seinem Gegner die Erlaubnis, öffentlich, wenn es ihm beliebe, wider ihn zu schreiben. »Ja, tut's nur«, setzt Luther hinzu, »ich will Euch einen Gulden dazu schenken.« Tatsächlich zieht Luther einen Gulden aus seiner Tasche und überreicht ihn Karlstadt mit den Worten: »Nehmet hin und greift mich nur recht tapfer an, frisch auf mich!« Karlstadt nimmt den Gulden, zeigt ihn allen Anwesenden und sagt: »Liebe Brüder, das ist ein Zeichen, daß ich Macht habe, wider Luther zu schreiben. Dessen seid ihr mir Zeugen!« Karlstadt steckt nun den Gulden in die Tasche, gibt die Hand darauf. Luther erhebt sein Glas. »Schonet nur mein nicht«, sagt er, »je tapferer ihr mich angreifet, je lieber soll es mir sein.«

Von Schafen und Wölfen

Luther sagt: »Du mußt die Hunde und Säue anders als die Menschen, die Wölfe und Löwen anders als die schwachen Schafe behandeln. Den Wölfen kannst du nicht zu hart sein, den schwachen Schafen kannst du nicht zu weich sein.«

Zum Bauernkrieg

Nach der Weinsberger Bluttat am Ostersonntag anno 1525, der Tötung des Grafen Ludwig von Helfenstein durch Aufständische im Deutschen Bauernkrieg, wendet sich Luther radikal gegen die Bauern. Er wütet »wider die mörderischen Rotten der Bauern«. Schon zuvor war Luther der Bauernkrieg unbehaglich, obwohl sich die unterdrückten Männer durchaus auf die Ideen der Reformation berufen haben. Luther sagt: »Weil nun, liebe Herren, auf beiden Seiten nichts Christliches ist, auch keine christliche Sache zwischen Euch schwebt, sondern beide, Herren und Bauernschaft, um heidnisches oder weltliches Recht und Unrecht und um zeitliches Gut zu tun habt, dazu Ihr auf beiden Seiten wider Gott handelt und unter seinem Zorn steht, wie Ihr gehört habt: so laßt Euch um Gottes willen sagen und raten, und greift die Sache an, wie solche Sachen anzugreifen sind, das ist, mit Recht und nicht mit Gewalt noch mit Streit, auf daß Ihr nicht ein unendliches Blutvergießen anrichtet in deutschen Landen.«

Ein gutes Schaf

Ein angehender Pfarrer will beim Predigen von der Kanzel aus auf die Bibel und Manuskripte verzichten, weil er den Text auswendig könne. Als er dann auf der Kanzel steht, fängt er dreimal an: »Ich bin ein guter Hirte« – und immer bleibt der Student stecken. Da ruft Luther von unten hinauf: »Ach was, du bist ein gutes Schaf!« Und geht selbst auf die Kanzel, um zu predigen.

Erz für den Bergmann

Im Jahre 1522 haben Leute zu Altenberg ein hölzeners Bild gemacht, das wie Luther angezogen war. Sie bringen es vor ein Gericht aus fingierten Richtern und Schöffen, klagen es wegen Ketzerei an, verurteilen es und führen es mit großem Geschrei und Lärm auf den Geisingberg. An einem Sonntag verbrennen sie es auf einem Haufen aus 25 Fudern Holz, nachdem vorher ein gewisser Bergmann darüber den Stab gebrochen und das Urteil gesprochen hatte.

Zwanzig Jahre später kommen zwei Bürger aus Altenberg zu Luther und bringen ihm einen schönen Handstein (so nennt man die reichhaltigsten Zinnstufen) von rotgüldenem Erze, worauf sie der Doktor zu Tisch bittet. Da sagt einer, sein Kamerad habe sich einst schwer an ihm versündigt, indem er sein Bild wie weiland Jan Hus zum Feuer verdammte, später habe er aber die Wahrheit der lutherschen Lehre erkannt. Nun bittet er demütig um Gnade und Verzeihung ob seines törichten Unverstandes. Luther gefällt die Rede, und er sagt, weil solches Feuer ihm und seiner Lehre nichts geschadet, solle es ihm im Namen des Herren vergeben und vergessen sein. Alle lachen erleichtert und der Begnadigte fügt hinzu: »O Herr Doktor, ich danke Ehrwürden, aber ich habe noch eine große Schuld auf mir, bitte, Ihr wollet mich auch davon absolvieren, denn ich armer Bergmann habe mich bei der Zeche verpufft und bin an die fünfhundert Gulden schuldig.« Da sagt der Luther: »Ihr Bergleute, wenn ihr am ärmsten seid, blüht Euer Glück, denn da haltet Ihr an und sehet selber zu Euern Zechen, und Not lehret Euch beten, zur Kirchen gehen und nüchtern und mäßig sein; darum wisset Ihr selber nicht, wie reich Ihr seid. Ziehet heim und arbeitet treulich und handelt redlich und glaubt und hofft an den Allmächtigen, den rechten Erzschaffer im Namen seines Sohnes, der Silber und Gold in Fisches Mund sprach und läßt immer Erz wachsen und gibt es zu rechter Zeit denen, die in ihren Zechen anhalten und bei ihm im Gebet aushalten. Der reiche Gott wird mit Euch sein, auf seinen reichen Segen und milde Hand absolviere ich Euch von aller Eurer Schuld.«

Ehe dieser Bergmann wieder daheim ankommt, erhält er unterwegs Botschaft, man habe in seiner Zeche auf dem seligen Altar gut Erz angetroffen; da löst er Geld und gibt Ausbeute und zahlt alles aus und behält noch Überlauf.

Paradies zu Zwickau

Jenseits der Mulde, an der Straße, die von Zwickau nach Chemnitz führt, befindet sich ein Gasthof, zum Paradies genannt, der ehedem aber das Ochsenhaus oder der Ratsweinkeller hieß und seinen Namen von seiner schönen Lage und den schönen Linden, die in seiner Nähe stehen, erhalten haben soll. Eine Sage erzählt, daß der Name aber daher rührt, daß Luther hier einst ein gefährliches Erlebnis überstand. Als Luther in Zwickau ist, macht seine Predigt auf das Volk einen solchen Eindruck, daß es das Kloster oder den Grünhainer Hof stürmt. Die Mönche locken deshalb Luther zu einem angeblichen Kranken in eine entlegene Straße und wollen ihn dort ermorden. Es gelingt dem Reformator jedoch, sich den Händen seiner Häscher zu entreißen und in ein offenstehendes Haus zu flüchten. Zu dessen Besitzer sagt er, dies Haus sei für ihn ein wahres Paradies geworden. Und so hat das Haus den Namen erhalten.

Linde zu Ringethal

Auf dem Kirchhof in Ringethal, einem Dorf bei Mittweida, predigt Luther einmal von einer Linde herunter, weil ihm der dortige Priester die Kirche nicht öffnete. Noch über die Jahrhunderte hinweg heißt der Baum Lutherlinde, und lange Zeit halten die Dorfbewohner jährlich zu Fastnacht dort eine Andacht.

In die Flucht geschlagen

Unterhalb der Lauenhainer Mühle bei Mittweida steigt eine Felswand schroff aus der Zschopau empor. Es ist der sogenannte Pfaffenstein. Die Volkssage berichtet, durch Luthers Predigt bei Ringethal sei das Volk so erregt worden, daß es dem einheimischen katholischen Dorfpriester ans Leben wollte. Auf seiner Flucht sei derselbe aber auf den isolierten Felskegel geraten, von dem er sich vor seinen Verfolgern in den Fluß stürzte. Deshalb nennt man den Felsen den Pfaffenstein.

Freiberger Mönchskalb

Am 29. Juni 1523 finden Fleischer im öffentlichen Kuttelhofe zu Freiberg in einer geschlachteten Kuh das sogenannte Mönchskalb. Dieses Kalb hat einen runden, ungestalten Kopf und oben darauf eine Platte wie ein Pfaffe, samt zwei großen Warzen wie kleine Hörner; mit dem Untermaul ist es einem Menschen, mit dem oberen und der Nase einem Kalb gleich, sonst aber ganz glatt am Leib. Es hat die Zunge lang aus dem Mund herausgestreckt. Die Haut an Hals und Rücken gleicht einer gewundenen Mönchskutte. An den Seiten, vorn und an den Beinen ist die Haut voller Ritzen und Schnitte, als wenn die Kutte zerhauen oder zerschnitten wäre. Solch ein Ungeheuer ist von Martin Luther in seinen Schriften, wo es auch abgebildet wird, neben der Beschreibung des »Papstesels«, den man 1496 zu Rom gefangen hat, gedeutet worden. Auch in Halle wirft an den Osterfeiertagen ein Schwein ein Ferkel, welches einem Pfaffen in Gestalt des damaligen Habits ganz ähnlich sieht. In Freiberg hat das Mönchskalb die Autorität der Papstkirche stark verringert, ist es doch das Anzeichen der Verderbnisse, die aus Rom kommen. Die Bergleute dichten ein derbes Spottlied mit Bezug darauf, daß der Fleischer mit Vorbedacht und Absicht das Fleisch von der Kuh, in welcher man das besagte Mönchskalb gefunden, niemandem sonst als den Mönchen und anderen Geistlichen gelassen hat und diese es unbewußt verzehrten.

Böses Blut

Es herrscht damals zwischen den Studenten und den Bürgern von Wittenberg Friede und Eintracht. Nur einmal scheint die Harmonie gestört zu werden: Als die Edelleute mit den Bürgerkindern Händel beginnen, bekommt das den Herren nicht gut. Denn sie werden »über die Köpfe von ordentlicher Bürgschaft redlich gedroschen und die Nacht in die Türme bis auf den Morgen gesteckt«. Das macht böses Blut, die Feindschaft dauert an. Da tritt Luther wider diese Störenfriede auf die Kanzel und predigt auf gut lutherische Weise gegen solches Unwesen. Siehe da, es wirkt: »Es wurde fein still und friedlich in der ganzen Stadt.« Denn der Doktor kann laute Nachtspektakel nicht leiden und droht, mit seinem Spieß dazwischenzugehen.

Ehre kommt allein

Melanchthon führt eines Tages an der Wittenberger Universität die Neuerung ein, daß die Studenten Luthern beim Betreten des Saales durch Aufstehen begrüßen. Aber Luther ist darüber wenig erfreut, er sagt nur: »Wer der Ehre nachlaufet, der erlanget sie nicht.«

Studentenvater

Luther ist seinen Studenten ein fürsorgender Vater. Er warnt sie eindringlich vor den Dirnen, mit deutlichen Worten. Auch versucht Luther, die Dirnen aus der Stadt zu entfernen. Ebenso predigt er gegen die Ausbeutung der Studenten durch Bürger und Bauern. Luther kritisiert, die Studierenden würden ausgesogen, daß es nicht ärger ginge.

Als Bettler

Stets hat Luther einige Studenten in seinem Haus und an seinem Tisch zu Wittenberg, obwohl er selbst nicht so hohe Einnahmen hat. Er schreibt teils Briefe für die armen Studenten: »Liebe Herren, es muß dieser arme Geselle aus Hungers wegen davon. Er hat keine Zehrung wie die anderen, weil er aber ein frommer, gelehrter Student ist, muß man ihm helfen. Ihr wisset, daß meines Gebens ohne das viel ist, daß ich nicht kann alles erschwingen. Bitte derhalben, wollet ihm 30 Gulden geben, wo nicht so viel da ist, gebet 20, so will ich 10 geben. Gott wird wohl wiedergeben.«

Als Luther einst unerwartet ein Geldgeschenk über 100 Gulden zugeht, da sagt er: »Ich fange an zu fürchten, daß mich Gott hier auf Erden ablohne, so habe ich dem Pater Prior die Hälfte gegeben und frohe Menschen gemacht.«

Unerschütterlich

Als zur Zeit des Augsburger Reichstages, um 1530, Martin Luther als ein Geächteter auf der Feste Coburg weilt und die Haltung der verbündeten Theologen Melanchthon und Justus Jonas schwanken, schreibt Luther entschlossen: »Nicht ein Haar breit werde ich den Gegnern weichen!« Luther tritt in jenen Tagen so bestimmt auf, daß er die Ansicht vertritt: Wird ein Krieg draus, so werde er draus.

Geheimsprache

Auf Befehl seines Fürsten bleibt Luther während des Augsburger Reichstages auf der Feste Coburg, von wo aus er etliche Briefe an seine Freunde und auch an Käthe schreibt und ihr die erschreckende Nachricht mitteilt: »Man will die Mönche und Nonnen wieder in die Kloster stecken.«

Auf den Briefkopf setzt Luther stets das Wort »Gruboc«, um den Feinden nicht zu verraten, wo er sich aufhält. Die Freunde können die Geheimsprache entziffern. Das Wort ergibt rückwärts gelesen den Ortsnamen Coburg.

Luther liebend

Flucht im Heringsfaß

Luthers Gedankenwelt hat wohl auch die Nonnen um Katharina von Bora ermuntert, der klösterlichen Strenge zu entfliehen. In der Nacht zu Ostersonntag des Jahres 1523 entkommen die Bora und elf Gefährtinnen auf dem Planwagen des Torgauer Ratsmannes Leonhard Koppe, der Legende nach in einem leeren Heringsfaß. Drei gehen sofort zu ihren Angehörigen, die neun anderen Ex-Nonnen bekommen Unterstützung durch Luther.

Als Hochzeitswerber

Luther sorgt sich finanziell und seelisch um die jungen Frauen aus dem Kloster, will einigen von ihnen den Ehemann werben. Zweimal versucht Luther, auch für Katharina von Bora einen Gatten zu finden. Die ehemalige Nonne sagt, sie werde keinen Mann freien, wenn es nicht Luther selbst sei oder dessen Freund Amsdorf.

Nicht verliebt, aber gut

Luther wundert sich über das Ehe-Bekenntnis von Katharina zu ihm. Dann faßt er sich ein Herz und erbarmt sich »der Verlassenen«. Offen gesteht er einem engen Freund: »Ich bin nicht verliebt und nicht in Leidenschaft, aber ich bin ihr gut.«

Erste Hochzeits-Gerüchte

Mit einundvierzig Jahren, im Frühling 1525, denkt Luther ans Heiraten. Enge Freunde ahnen und wissen, wer seine Frau werden soll.

Luther schreibt in einem Brief vom 4. Mai jenes Jahres von »meiner Käthe«.

So verbreitet sich schnell das Gerücht in der Stadt, daß die einstige Nonne Katharina von Bora als Ehefrau auserkoren ist. Keiner ahnt, wie schnell Luther und sie tatsächlich vor den Pfarrer treten.

Ja-Wort in der Wohnung

Die meisten Freunde Luthers werden von der frohen Nachricht überrascht: Am Abend des 13. Juni 1525 heiraten der Theologe und Katharina von Bora in seiner Wittenberger Wohnung im Schwarzen Kloster. Beide geben sich gegenseitig die Zustimmung, wie es die Formalitäten vorsehen. Mit dabei sind lediglich fünf getreue Gefährten, darunter der Maler Lukas Cranach und dessen Frau. Vermutlich nimmt Johannes Bugenhagen als Pfarrherr von Wittenberg die intime Liierung vor, Kopulation genannt. Schon mit diesem Tag nennt sich Luther »copulatus« und »Ehemann«.

Frage am Abend

An einem Abend bittet Käthe ihren fleißig schreibenden Mann, sie an seiner Seite in der Stube zu dulden. Sie sitzt lange schweigend neben ihm, schaut auf das Haupt ihres Mannes, will Luther etwas fragen. »Ist der deutsche Heermeister ein Bruder des preußischen Herzogs?«

Luther erzählt später anderen von dieser naiven Frage, denn eigentlich ist die Person Albrechts von Preußen hinlänglich bekannt.

Luther erwidert seiner Frau lachend: »Nein, es ist derselbe Mann.«

Öffentliche Hochzeit

Erst am 27. Juni, einem Dienstag, feiert Luther seine Hochzeit öffentlich, mit einer festlichen Wirtschaft, zu der mündlich und per Brief viele Freunde eingeladen werden. Nach dem Kirchgang folgt das Festmahl. In Luthers Gegend ist es nicht unüblich, Eheschließung und die öffentliche Feier voneinander zu trennen.

Versöhnung mit dem Vater

Zu Luthers Hochzeit sind auch die Eltern des Theologen eingeladen. Der Sohn will sich endlich nach all den vielen Jahren als Mönch mit seinem Vater wieder versöhnen.

Ehering mit Diamant

Luthers Ehering ist ein goldener Doppelreif mit hohem, fast kegelförmigem Kasten, welcher sich, wie der Reif selbst, auseinanderschieben läßt und dessen Hälften einen Diamant als Sinnbild der Treue und der Kraft sowie einen Rubin als das Zeichen reiner Liebe tragen. Der Reif enthält inwendig die Anfangsbuchstaben des Paares; MLD und CVB. Ringsum ist zu lesen: »Was Got zu samen fieget – sol kein Mensch scheiden.«

Erheiternde Trauer

Martin Luther gilt als fröhlicher Mensch, wenn er auch mitunter Tage und Wochen trübsinnig durch die Welt geht, so wie einer, der keinen versöhnten Gott im Himmel hat. In solchen Momenten tadelt, ermahnt und tröstet ihn seine Frau, was gewöhnlich hilft. Einmal will und will es nicht gelingen. Luther war einige Tage über Land unterwegs, ist aber heimkommend noch immer betrübt. Da sitzt seine liebe Käthe in der Stube in einem schwarzen Trauerkleid, ein schwarzes Tüchlein um und sieht sehr traurig aus. In der Hand hält sie ein weißes Taschentuch, ganz naß von den Tränen. Als Luther beunruhigt wissen will, was sie so betrübt mache, sagt sie: »Siehe, lieber Martin, unser lieber Herrgott ist gestorben, und darum trauere ich so.« Da lacht Luther herzlich und freut sich über die Weisheit seiner Gattin. Er sagt: »Ja, hast ja recht, liebe Käthe, ich habe mich recht durch meinen Unmut versündigt. Tat ich doch, als wenn kein Gott im Himmel wäre!« Und ist wieder guter Dinge.

Meine Kette

Luther nennt seine Katharina nicht nur sein Liebchen. Öffentlich heißt er sie augenzwinkernd ob ihrer häuslichen Durchsetzungskraft auch »mein Herr Käthe« oder bezeichnet sie wortspielerisch als »meine Kette«.

Ödnis ohne die Ehe

Nachdem Lukas Cranach Katharina von Bora gemalt hat, bringt er Luther das Bild. Luther sieht es mit innigem Vergnügen und scherzt: »Nun will ich auch einen Mann dazu malen lassen und solche zwei Bilder aufs Konzilium schicken und die versammelten heiligen Väter fragen lassen, ob sie lieber haben wollen den Ehestand oder das ehelose Leben der Geistlichen. O wie wäre doch ohn diese liebreiche Ordnung Gottes die Welt längst gar öde und wüst und alles umsonst geschaffen gewesen.«

Derbe Sprache

Auch gegenüber seiner Frau hält sich Luther nicht in seinem mitunter drastischen Ton zurück. Aus Weimar schreibt er 1540 an seine Käthe: »Ich fresse wie ein Böhme … und saufe wie ein Deutscher.« In seiner letzten, materiell abgesicherten Lebenszeit sagt Luther: »Sonst haben wir zu fressen und saufen genug.«

Erstmals Vater

Am 7. Juni 1526 wird Martin Luther mit zweiundvierzig Jahren zum erstenmal Vater. Seinem Schwager teilt Luther erfreut mit, daß »mir meine liebe Käthe von großer Gottes Gnaden einen Hansen Luther bracht«.

Ehefrau und Magd

Aus Schmalkalden schreibt Luther 1537, nach einem Dutzend Ehejahren: »Tröstet meine Käthe, daß sie dies geduldig hinnehme dafür, daß sie zwölf Jahre lang Freude mit mir gehabt hat. Sie hat mir treu gedient nicht allein wie eine Ehefrau, sondern auch wie eine Magd. Gott vergelte es ihr!«

Drei Jungen, drei Mädchen

Luther hat drei Söhne und drei Töchter. Johannes, Martin, Paul und Elisabeth, Magdalene, Margarethe. Der älteste Sohn Hans wird später kurfürstlicher Kanzleirat in Weimar. Der jüngste Sohn Paul wird als Mediziner berühmt, arbeitet unter anderem als kurfürstlicher Leibarzt in Gotha, als Ober-Leibmedikus des Kurfürsten Joachim II. zu Brandenburg und in gleicher Funktion beim sächsischen Kurfürst August am Dresdner Hof.

Wunsch nach einem Krieger

An seinen Kindern beobachtet Luther bewundernd die verschiedene Art ihrer Anlagen. Er gedenkt, seine Söhne je für den Beruf heranzubilden, der ihrer Eigentümlichkeit und ihrer eigenen Neigung entspreche. So sagt er einmal, welcher unter ihnen ein Krieger sein wolle, den wolle er Hans Löser, dem Erbmarschall, zuschicken. Welcher studieren wolle, den sollten Jonas und Melanchthon haben. Wer mit der Hand arbeiten wolle, den werde er zu einem Bauern fertigen. Beim Beruf des Kriegers hatte Luther speziell seinen kleinen Paul im Sinne, dessen Pate Marschall Löser ist: »Paul soll wider den Türken«, meint Luther einmal.

Kaiserin Käthe

Über seine Frau sagt Luther: »Käthe, du hast einen frommen Mann, der dich lieb hat, du bist eine Kaiserin!«

Großer Sündenfall

Der Gedanke der Vielehe schwirrt durch die Köpfe der Lutherzeit. Der Reformator sagt, daß die Vielehe den Christen im Neuen Testament nicht verboten sei, sich aber auf schwere Notfälle beschränken soll. Anno 1540 verlangt Philipp von Hessen von Luther eine Zustimmung zu seiner Doppelehe. Luther versucht alles, um sich der Forderung zu entziehen, gibt aber schließlich in einem »Beichtrat« Dispens zur Eingehung einer Nebenehe unter der Bedingung, daß sie geheim bleibe, im Gegensatz zu seiner Anschauung von 1531. Da hält Luther die Verbindung von König Heinrich VIII. von England mit Anna Boleyn für zulässig, obwohl sie öffentlich gemacht wird. Die Zustimmung zur Verbindung Philipps von Hessen ist Luther »herzlich schwer« gefallen. Die vielen Feinde des Reformators haben wieder Munition gegen ihn.

Luther leidenschaftlich

Bei Luther zu Tisch

Bei Luthers im Schwarzen Kloster zu Wittenberg wird des Abends um fünf Uhr gespeist. An der Tafel geht es lebhaft zu. Es kommen viele Gäste, oft ärmere, ältere Studenten, die bei der Lutherin in Kost und Logis sind. Unter ihnen ist auch der Österreicher Cordatus. Er beginnt im Sommer 1531 damit, Luthers Reden bei Tisch aufzuzeichnen. Bald darauf sieht es bei der abendlichen Familientafel aus wie in einem Hörsaal der Universität. Viele der Gäste schreiben das Gehörte für die Nachwelt nieder.

Studium ohne Gebühr

An einem Tag bemerkt Katharina scherzhaft zu ihrem Mann: »Herr Doktor, lehret sie doch nicht ohne Zahlung – sonst schreiben sie viel auf!«

Darauf meinte Luther: »Ich habe dreißig Jahre gelehrt und gepredigt. Warum soll ich jetzt in meinem Alter mit dem Verkaufen anfangen?«

Keine Geschenke!

Der sächsische Kurfürst macht Luther gern Geschenke, etwa Kleidungsstücke oder Vorräte für Küche und Keller. Nicht selten verbittet sich der Theologe derartige Gunsterweisungen. An Kurfürst Johann schreibt er: »Ich will untertäniglich bitten, Ew. Kürfürstl. Gnaden wollen nicht glauben denen, so mich dargeben, als hätte ich Mangel. Ich habe, leider! mehr, sonderlich von Ew. Kurfürstl. Gnaden, denn ich im Gewissen vertragen kann.«

Ein andermal lehnt Luther einen Anteil am Erzbergwerk des Schneebergs ab, den er vom sächsischen Kurfürsten bekommen soll, weil er die deutsche Bibel in Druck gegeben hat.

Freund der Kriegssteuer

Im Jahr 1542 befiehlt der Kurfürst, Luthers liegende Güter von der ausgeschriebenen Türkensteuer frei zu lassen. Luther lehnt ab. »Ich möchte«, sagt er, »mit meinen Pfennigen auch gerne bei dem Türkenzuge sein, und zwar unter denen, die willig beitragen. Der Unwilligen sind genug.« Luther geht sogar so weit und sagt: »Ja, wenn es mein alter, schwacher Leib litte, so möchte ich lieber selbst mit zu Felde ziehen.«

Der Heiland ist da

Ein wegen seines Glaubens Vertriebener bittet Luther eines Tages um eine milde Gabe. Luther hat nur einen Joachimstaler in seiner Kasse, den er lange aufsparte. Nach kurzem Bedenken ruft er: »Joachim heraus, der Heiland ist da!«

Silber statt Geld

Ein armer Student bittet Luther einmal um etwas Geld für die Reise. Der Doktor hat nichts Erkleckliches in seiner Schatulle. Er will aber helfen. Da greift Luther nach einem geschenkten Silberbecher. Frau Käthe will das gar nicht gefallen. Aber Luther drückt den Becher rasch platt zusammen und gibt ihn dem Studenten, damit er ihn beim Goldschmied zu Geld machen kann.

Ein Faschingsstreich

Luther will am Faschingstreiben nicht mittun, um seinen Gegnern keinen Anlaß zu geben, gegen ihn zu eifern. Er hat sogar Anweisung gegeben, keinen Besuch einzulassen, selbst Studenten nicht. Ein Student aber, der später in kurfürstlichen Diensten ein großes Licht geworden ist, kommt mit seinen Kameraden auf den Gedanken, sich in Bergmannskleider zu stecken und so vor Luthers Wohnung zu ziehen. Als sie sich bei Luther als wirkliche Bergleute anmelden lassen, wofür sie alles Zubehör bei sich tragen, willigt der Doktor ein, sie vorzulassen. Sie bringen auch ein Schachbrett nebst Figuren mit und setzen es vor Luther auf den Tisch, weil sie wissen, daß der Theologe dem königlichen Spiel sehr zugetan ist. Luther läßt sich, immer in dem Glauben, es mit echten Bergleuten zu tun zu haben, die stumme Herausforderung zum Turnier wohl gefallen, beginnt das Spiel und setzt seinen Gegner bald matt. Dann jedoch wird ihm das Spielbrett samt den kunstreichen Figuren als Angebinde verehrt und die ganze Gesellschaft darauf noch für einige Zeit zum Bleiben gebeten. Man wird fröhlich bei einem guten Trunk und – wie der Chronist dieser Episode, Mathesius, ausdrücklich hervorhebt – ergötzt sich mit dem gefeierten Mann in allen Ehren und Züchten mit Singen und maßvollem Kommerzium.

Ehre den Feiertag

Als Melanchthon einmal am Schreibpult an einer Schrift arbeitet, nimmt ihm Luther die Feder aus der Hand und mahnt: »Man kann Gott nicht allein mit Arbeit, sondern auch mit Feiern und Ruhen dienen, denn darum hat er den Sabbat gegeben.«

Fröhlich nach Tisch

Bisweilen trägt es sich zu, daß Luther in der Sommerzeit auf ein Dorf von einem Pfarrer oder Schultheiß zum Gastmahl geladen wird. Er besucht sie gern, wenn es seine Gesundheit zuläßt, und hält dann eine Predigt auf dem Lande. Um den Gastgebern nicht zur Last zu fallen, läßt er stets seine Speisen zu Hause zubereiten und nimmt sie samt der Getränke wie Bier oder Wein mit hinaus aufs Land. Nach der Tafel sorgt Luther dafür, daß es fröhlich zugeht. Spiele werden gespielt, und die lateinische Warnung des Theologen lautet: Malancholia balneum Sathanae (Die Melancholie ist des Teufels Bad).

Gott hat Humor

Luther meint, Gott liebt die ehrliche Fröhlichkeit des Menschen, die ihnen der Teufel nicht gönnt. Wenn unser Herrgott keinen Spaß verstünde, sagt Martin Luther, »so möchte ich nicht in den Himmel«.

Heiliger Humpen

Bei feierlichen Anlässen wird im Hause Luther der berühmte Humpen hervorgeholt, der den Namen Katechismus-Glas trägt. Auf dem Krug sind, in Abteilungen untereinander und durch drei Reifen getrennt, verschiedene Teile der christlichen Lehre in Buchstaben aufgemalt, zuoberst die zehn Gebote, dann gegen die Mitte der Glauben und das Vaterunser, und unten ist der Katechismus »gar aus«, so steht es auf dem Trinkgefäß. Bei einem Trunk kommt einmal Johannes Agricola nur bis gegen die Zehn Gebote hinab, während Luther in einem Zug das Glas bis zum Katechismus »gar aus« zu leeren versteht.

Salz und Brot

Wenn Luther an etwas arbeitet oder über etwas grübelt, bringt er ganze Tage bei etwas Salz und Brot mit ein wenig Bier an seinem Schreibpult zu. Melanchthon erzählt, Luther habe häufig bei seinen Arbeiten gar keine Nahrung zu sich genommen. Ich habe gesehen, so erzählt er, daß er zu Zeiten in vier ganzen Tagen, wenn er schon gesund war, nichts gegessen oder getrunken hat, oder nur wenig Brot und einen Hering genoß.

Ein Fuhrmann bei Tisch

Ein Fuhrmann, der gerade angesehene Personen nach Wittenberg gefahren hat, wünscht nun sehnlich, einmal hier in dieser Stadt, den wahren und rechten Papst zu sehen, für den er Luther hält. Er geht zu Luthers Wohnung im Schwarzen Kloster, klopft an die Tür und bittet, eingelassen zu werden. Luther sitzt gerade bei Tisch, und ihm wird der Besuch angekündigt: »Auriga adest!« (Ein Fuhrmann ist da!) »Wer ist da?« fragt Luther. »Ein guter Mensch«, wird ihm beschieden. Luther läßt ihn hereinkommen. Da sich der Fuhrmann schüchtern und ehrerbietig an die Tür stellt, fordert Luther ihn auf, näher an den Tisch zu kommen, schüttelt ihm vertraulich die Hand und trinkt ihm aus seinem Glas zu, was damals das größte Zeichen der Freundschaftsbekundung ist. Zuletzt entläßt Luther den Fuhrmann mit den Worten: »Wenn du heimkommst, so sage: Ich habe Doktor Luther, den größten Erzketzer, bei seiner Hand gehabt!«

Der einfache Mann ist so entzückt von der eigenwilligen Ehre, daß er sich allerorten rühmt, er habe mit Doktor Luther an einem Tisch gesessen.

Feister Luther

»Wie ich Martinum seines Alters 41 Jahr anno 1522 gesehen hab, war er einer natürlichen, ziemlichen Feiste, eines aufrechten Gangs, also daß er mehr hinter sich, denn fürder sich neiget, mit aufgehebtem Angesicht gegen den Himmel ... Die dunkeln Augen blinzelten und zitzerlten wie ein Stern, also daß sie nicht wohl können angesehen werden.« So beschreibt der Schweizer Johannes Keßler seinen Lehrer Luther.

Meist maßvoll

Seine Gewohnheiten beim Essen und Trinken werden als maßvoll beschrieben, im Vergleich zu den Herren seiner Zeit. Wein fließt dennoch mehr als Wasser, das meist unrein ist. Luther wettert über den Saufteufel, verflucht das weitverbreitete Laster. Gereimt legt er seine Weisheit dar:

Willst du alt werden, so werde balde alt,
Behalt den Kragen warm,
Füll nicht zu sehr den Darm,
Mache dich der Greten nicht zu nah,
Also wirst du langsam grau.

Stechender Blick

Seinen offenbar stechenden Blick beschreiben auch Kardinal Bergerio und Johannes Dantiscus, später Bischof von Kulm und Ermland. Letzterer meint, Luthers Augen blicken scharf und unheimlich funkelnd, ganz so wie bei Besessenen. Der Kardinal fühlt sich an eben jenen Personenkreis erinnert. Glut, Unruhe, Wut und Zornmütigkeit drücken die Augen Luthers aus, so der Zeitgenosse des Eislebeners über dessen mitunter unheimlichen Ausdruck der Augen.

Kännlein als Kissen

Kommen ihm schwere Gedanken in den Sinn, dann nimmt er einen starken Trunk Bieres, sagt Luther über seine Gewohnheit. Im Alter muß er gegen die Schlaflosigkeit »im Kännlein sein Kissen und Polster suchen«.

Lieblingsweine und gelobte Biere

Luther mag und rühmt unter den Weinen den Jüterbogker, den Grüneberger, den Frankenwein und den Rheinwein. Bei den Bieren hält sich der Kirchenmann am liebsten an das Torgische und an das Naumburger. Daheim wird dem Ehemann zumeist das Schwarze Klosterbräu serviert, das seine Käthe selbst braut. Nur wenn die Hauskasse leer ist, bleibt das geliebte Bier fern. Manchmal muß Luther vierzig Tage und mehr auf seinen gewohnten Durstlöscher verzichten.

Luthers Erbsenkur

Teure Delikatessen müssen bei Luther, dem einst spartanisch lebenden Mönch, nicht auf dem Tisch stehen. Sein Lieblingsessen: Hering mit Erbsen. Dieses Gericht hat er manchmal als Wunderkur angewendet. »Da niemand in der Welt wäre, der so ungern aus der Apotheke esse oder trinke als er«, entschließt sich der Doktor aus Wittenberg für die eigene gute Erfahrung. Er nimmt seine genannte Lieblingsspeise wieder zu sich und wird einmal von einem Stein befreit, der ihm höllische Schmerzen bereitete. Noch ein weiteres Mal helfen ihm der Meeresfisch und das Hülsengemüse eine Krankheit abzuschütteln.

Lukullische Ratsgeschenke

»Sieben Gulden für sechs Kannen Frankenwein, das Quart zu 14 Groschen, Dr. Martino auf seine Verlobung hin verzehret. 136 Gulden 6 Groschen für ein Faß Einbeckisch Bier, Martino zur Hochzeit geschenket. 440 Gulden Dr. Martino für Wein und Bier geschenket von wegen des Rats und gemeiner Stadt, da er sein ehlich Beilager und Hochzeit gehalten. 120 Gulden Buße bezahlte Klara, Eberhards Lorenz aus Jessen eheliche Hausfrau; hat unnütze Worte gemacht und Dr. Martinum und seine ehrbare Hausfrau geschmähet und gescholten, auch des Pfarrers (Bugenhagen) Eheweib über angefahren auf Mag. Lubecks Hochzeit. 136 Gulden 2 Groschen für Wein; hat Dr. Martinus das ganze Jahr über aus dem Stadtkeller holen lassen und der Rat hats für ihn bezahlet.« So findet es sich anno 1525 in den Ratsakten von Wittenberg über Getränkelieferungen des Magistrats an den Reformator.

Im Duett

Wenn Martin Luther jemand in die Rede fällt, pflegt er zu sagen: »Zwei können wohl miteinander singen, aber nicht reden.«

Fruchtlos

Die Mönche, zu denen Luther auch einmal gehörte, nennt er später das Hummelvolk. Er sagt über die Klosterbewohner: »Ihre Pantoffel sind von dem Holze jenes Feigenbaumes gemacht, zu dem Christus sprach: Nun wachse hinfort auf dir keine Frucht!«

Rat an den Bräutigam

Zur Hochzeit von Hans Luft, Buchdrucker und Bürgermeister zu Wittenberg, ist auch Luther als Gast eingeladen. Nach dem Abendessen, als die Brautleute sich entfernen wollen, sagt er zum Bräutigam, er solle es beim herkömmlichen Lauf der Dinge belassen und Herr im Hause bleiben. Zum Zeichen zieht Luther dem Ehemann einen Schuh aus und legte ihn auf das Himmelbett, auf daß der Bräutigam das Regiment behalte.

Zur Arbeit geboren

Fleißig sein und hart arbeiten – das sind die oft formulierten Gebote Luthers: »Von Arbeit stirbt kein Mensch. Aber von Ledig- und Müßiggehen kommen die Leute um Leib und Leben. Denn der Mensch ist zur Arbeit geboren wie der Vogel zum Fliegen.«

Spottzettel gen Mainz

Der Erzbischof von Mainz besitzt eine stattliche Reliquiensammlung. Als in dessen Lieblingsresidenz Halle der Protestantismus eingeführt wird, läßt er die heiligen Stücke nach Mainz verbringen. Luther verfaßt einen Spottzettel gegen die unnütze Sammlerei dieser christlichen Reliquien. Der Titel lautet »Neue Zeitung vom Rhein, anno 1542.« Luther zählt nun auf: »Ein Stück vom linken Horn Mosis; drei Flammen vom Busch Mosis auf dem Berge Sinai; zwei Federn und ein Ei vom heiligen Geist; ein ganzer Zipfel von der Fahne, damit Christus die Hölle aufstieß; auch eine große Locke vom Barte Beelzebub, der an derselbigen Fahne kleben blieb; ein halber Flügel von Sankt Gabriel, dem Erzengel; ein ganzes Pfund von dem Winde, der vor Elias überrauschte in der Höhle am Berg Horeb; zwei Ellen von dem Ton der Posaunen auf dem Berge Sinai; dreißig Bombart von der Pauke, so Miriam, der Schwester Mosis, am Roten Meer gehört; ein groß schwer Stück vom Geschrei der Kinder Israel, damit sie die Mauern Jerichos niederwarfen; fünf schöne helle Saiten von der Harfe Davids; drei schöne Lockhaare des Absaloms. Damit er an der Eiche hangen blieb.«

Lust auf Ritterspiel

Luther sagt, ihm gefallen Musik und Ritterspiel als Übungen und kurzweilige Unterhaltung am besten. Musik vertreibe die Sorge des Herzens und melancholische Gedanken, das Ritterspiel mache »feine geschickte Gliedmaß am Leibe und erhält ihn bei Gesundheit mit Springen«.

Musiker und Sänger

Flöte und Laute beherrscht Luther unter mehreren Instrumenten am besten. In seinem Haus gibt es regelmäßig Konzerte, bei denen der Hausherr selbst mitwirkt. Er singt einen schönen Alt. Einige Kompositionen Luthers überdauern die Jahrhunderte.

Weckruf nach Noten

Zu seinen Liedern pflegt Luther die Choräle meistens vierstimmig aufzusetzen und gar keine Begleitung beizufügen. Luther läßt seine neuen Melodien durch die Wittenberger Stadtmusikanten mit Zinken und Posaunen von den Türmen den Mitmenschen verkünden. Kaum graut der Morgen, so weckt eine sanfte und rührende Melodie eines Liedes die Schlafenden auf.

Kenner und Kritiker

Luther gilt als großer Musikkenner. Der Herzog Albrecht von Preußen sendet ihm einmal eine Komposition von Hans Kugelmann mit der Bitte, »sie nach seinem hohen, von Gott verliehenen Verstande zu korrigieren, bessern und mehren«.

Erquickende Musik

Manchmal scheint der Einfluß der Musik auf Martin Luther erstaunlich. Im Kloster schließt er sich einmal in seine Zelle ein und läßt mehrere Tage hindurch niemanden an sich heran. Da er in dieser Zeit auch keine Speisen zu sich nimmt, fällt er aus Schwäche bald in Ohnmacht. In diesem Zustand entdeckt ihn ein Klosterbruder, nachdem er die verschlossene Tür im Kloster mit Gewalt aufgebrochen hat. Der Mönch findet das beste Heilmittel in der Musik, und es gelingt ihm auch wirklich durch ein Konzert, das er sogleich mit einigen musikalischen Begleitern anstimmt, den Ohnmächtigen wieder zu sich selbst zu bringen.

Dürers Wunsch

Albrecht Dürer will den verehrten Martin Luther unbedingt malen. An Spalatin schreibt er 1520: »Hilf mir Gott, daß ich zu Doktor Martinus Luther komme, so will ich ihn mit Fleiß konterfeien und in Kupfer stechen zu einem langen Gedächtnis des christlichen Mannes, der mir aus großen Ängsten geholfen hat.« Doch zu diesem Porträt kommt es nie. Die berühmten zeitgenössischen Lutherbilder stammen von Lukas Cranach dem Älteren.

Der Vielbeschäftigte

An manchen Tagen tut Luther nichts anderes als Briefe schreiben. Außerdem wird er als Prediger bei Tisch und in der Pfarrkirche begehrt und bei weiteren Kirchenfunktionen gebraucht. Hinzu kommen weltliche Pflichten. »Ich muß an die Abfuhr der Fische aus dem Leizkauer Teiche denken und muß die Streitsachen der Herzberger zu Torgau führen.« Manchmal nimmt er für seine Druckschriften drei Druckerpressen in Beschlag.

Luther leidend

Furchtlos gegen die Pest

Bei den verheerenden Pestepidemien bleibt Luther furchtlos. An einen Freund schreibt er 1516, er werde nicht aus der Stadt fliehen, auch auf die Gefahr hin, daß er sterbe: »Ich hoffe, daß die Welt nicht einfallen wird, wenn der Bruder Martinus fällt!«

Als 1527 der Kurfürst Luther zur Flucht vor der Pest auffordert, sogar die Universität nach Jena verlagert wird, antwortet er: Er müsse schon um des Monstrums jener Furcht im Volke willen dableiben. Auch später, in den Jahren 1529, 1535, 1538 und 1539, scheut sich der Christenmensch nicht, die Pestinfizierten anzufassen.

Gift vom polnischen Arzt

Als Luther einmal von einem polnischen Arzt behandelt wird, erhält der Wittenberger plötzlich eine Warnung von seinen Freunden. Sie haben in Erfahrung gebracht, daß der Pole den deutschen Reformator mit Gift ermorden will. Luther flieht rechtzeitig. Es stellt sich heraus: Der Mediziner war von einigen Bischöfen mit zweitausend Dukaten bestochen worden. Dahinter steckt der polnische König, der alles daran setzt, der Reformation in seinem Land vorzubeugen – auch mit heimtückischem Mord.

Liste der Leiden

Mit Ende Dreißig beginnen die Leiden Luthers in körperlicher Hinsicht. Katarrhe, Verdauungsbeschwerden, Zahnschmerzen, Brustschmerzen und mit über Fünfzig die Gicht. Etwa vom vierzigsten Jahr an erholt sich Luther nie mehr so recht von den vielen Zipperlein und Krankheiten, die da heißen nervöses Kopfübel, Nierensteinkoliken, eiterige Ohrenentzündungen, Ruhr.

Steinschmerzen

Eine der beschwerlichsten Reisen Luthers ist die nach Schmalkalden im Jahre 1537. Es herrscht nicht nur gerade eine große Kälte, sondern er wird auch von seinen empfindlichen Steinschmerzen gefoltert. In Schmalkalden leidet Luther unaussprechlich unter den Händen eines Wunderarztes. Es ist übrigens merkwürdig, daß auch seine beiden großen Zeitgenossen Melanchthon und Erasmus dem furchtbaren Übel der Steinschmerzen unterworfen sind. Als Luther, am Stein krank, von Schmalkalden nach Gotha fährt, läßt ihm sein Landesherr einen Wagen mit Kohlenfeuer und anderen Hilfsmitteln nachführen, damit man ihm auf dem Weg Erwärmung und Erleichterung geben könne. Als die Schmerzen heftiger werden, ruft Luther aus: »Wenn nur ein Türke vorhanden wäre, der mich schlachtete, dieweil ich doch mit starkem, gesundem Leibe in meinem eigenen Wasser verderben muß. Und zwar ich stürbe gerne, wenn nur des Teufels Legat nicht da wäre zu Schmalkalden und schrie es in der ganzen Welt aus, ich hätte vor großer Furcht und Zagen sterben müssen.«

Arznei statt Gottes Gnade

Einmal predigt Doktor Karlstadt öffentlich zu Wittenberg und sagt, wer krank sei, solle keine Arznei gebrauchen, sondern Gott die Sache allein heimgeben und bitten, daß sein Wille geschehe. Als Luther von dieser seltsamen Ansicht hört, meint er: »Soll einer auch essen dürfen, wenn ihn hungert? Mag einer nur essen, wenn ihn hungert, so soll er auch Arznei brauchen, wenn er krank ist.«

Wirkungsloses Gift

Eines Nachts kommt Luther von einem Gastmahl nach Hause. Als er sich zur Ruhe begeben will, fühlt er sich plötzlich krank und todelend. Die Glieder schmerzen, der Mann muß sich übergeben und bekommt heftigen Durchlauf, wozu sich ein starker Kopfschmerz gesellt. Nach einiger Zeit folgt darauf ein sehr übler und stinkender Schweiß. Doch als Luther am nächsten Morgen erwacht, ist er wie durch ein Wunder wieder genesen. Man habe ihm Gift gegeben, sagt Luther: »Aber es hat mir nichts geschadet!«

Im Visier von Mördern

Luther gerät nach Veröffentlichung seiner Ideen in das Visier von denen, die ihn lieber tot als lebendig sehen. Schon im Jahr 1510 entgeht er knapp einem solchen Plan in einem italienischen Kloster, wo er auf seiner Reise nach Rom eingekehrt war. Er sieht in diesem Kloster einige Mönche an einem Freitag Fleisch essen und macht ihnen deshalb Vorwürfe. Die Mönche lassen den Deutschen wissen, es könne ihm schwer zum Nachteil gereichen, wenn er von dem Tabubruch in Rom erzähle. Sie schmieden einen Mordplan. Luther kann sich nur retten, weil ein treuer Pförtner von der anstehenden Missetat berichtet. Rechtzeitig verläßt er das teuflische Kloster.

Geistige Krankheit

Aus dem Jahr 1537 berichtet Mathesius, daß Luther vierzehn Tage lang weder Speise noch Trank zu sich genommen und auch keinen Schlaf gehabt habe. »In dieser Zeit«, so sagt Luther, »habe ich häufig mit Gott gestritten. Ich habe ihm mit Ungeduld seine Verheißungen vorgehalten.« Der Mann aus Wittenberg nennt das seine geistige Krankheit. Sie macht ihm das ganze Leben lang zu schaffen.

Altersalltag

Mathesius sagt über den alten Luther, dieser habe des öfteren wegen Schwachheit und Schwindel daheim bleiben müssen. So oft es gesundheitlich geht, macht er sich aber auf zur Kirche und trägt allzeit ein Buch bei sich. Denn das Beten kommt ihm in der Gemeinde viel sanfter vor als zu Hause. Seinen Platz hat Luther beim hohen Altar. Doch wenn gepredigt wird, tritt er in die Universitätsstühle und hört fleißig und mit Andacht zu. Eine Zeitlang fährt der alte Luther übers Land. Wenn in einem Dorf zur Predigt geläutet wird, steigt er mit seinen Gefährten ab und geht zur Kirche, hört sich die Predigt bis zum Ende an. Auf dem weiteren Weg reden Luther und seine Begleiter dann über die Predigt. Oft geht der alte Luther zur Beichte und zum heiligen Abendmahl. Wie die meisten anderen wartet er bis zum Ende in der Kirche, bis alles aus ist.

Zerbrechlich wie Glas

Nicht lange vor seinem Tod macht Luther von Halle aus seinem Freund Jonas ein feines venezianisches Glas zum Geschenk. Die lateinische Inschrift darauf lautet: Jonas, dem Glas, gibt Luther ein Glas, der selber ein Glas ist. Jeder soll wissen: Er ist gleich dem zerbrechlichen Glas.

Ziemlicher Bauch

Obwohl Luther nach Angaben seiner Zeitgenossen einen ziemlichen Bauchumfang hat, ißt und trinkt er angeblich nur wenig und selten etwas Besonderes. Meist genügen ihm die gemeinen Speisen. Allerdings trinkt er am Abend, wenn er nicht einschlafen kann. Für sein Schlaftrünklein entschuldigt er sich gelegentlich und gibt die Worte: »Ihr jungen Gesellen, unserem Kurfürsten und mir altem Mann müßt ihr ein reicheres Trünklein zugute halten.«

Scheintod Luthers

Im März des Jahres 1545 erhält Luther von Philipp von Hessen ein italienisches Flugblatt mit folgendem Inhalt: Luther sei gestorben. Er habe seinen Leichnam zur Anbetung auf dem Altar aussetzen lassen wollen, auch vor dem Sterben den Leib Christi empfangen, die Hostie aber sei nach dem Begräbnis über dem Grabe unversehrt geschwebt. Wiederholt sei höllisches Sturmgetöse an dem Grabe gehört worden, bis man es bei der Öffnung leer gefunden habe. Nur ein menschenmörderischer Schwefelgestank sei hervorgedrungen. Luther selbst übersetzt diese Schrift, von der er sagt, er hat sie gern und fröhlich gelesen, und gibt sie auf Italienisch und auf Deutsch heraus.

Mein Herz erkaltet

Ende Juli 1545 verläßt Luther Wittenberg, ohne seiner Frau Mitteilung über die Dauer seiner Abwesenheit zu machen. Er geht nach Zeitz, wo er einen Streit zwischen zwei Predigern zu schlichten hat, kehrt jedoch nicht nach Wittenberg zurück, sondern schreibt an Käthe einen Brief, in dem er erklärt, nicht mehr nach Hause zurückkehren zu wollen: »Mein Herz ist erkaltet, daß ich nicht gern mehr da bin; wollte auch, daß du verkaufest Garten und Hufe, Haus und Hof. So wollt ich meinem gnädigen Herrn das große Haus wieder schenken, und wäre dein Bestes, daß du dich gen Sulzdorf setzest, dieweil ich noch lebe.«

In Wittenberg herrscht große Aufregung, alle sind über Luthers Entschluß bestürzt. Von allen Seiten bedrängen ihn die Leute, um ihn zur Rückkehr zu veranlassen. Und mittlerweile sind sein »Zorn und Unlust« tatsächlich vertrieben und verraucht. Ja, als er auf dem Heimweg von Merseburg in Leipzig eintrifft, fällt den dortigen Freunden geradezu Luthers gute Laune auf.

Einsames Alter

So sehr Luther auch manches an seinem Gefährten Melanchthon schätzt – er tyrannisiert den Freund im Alter immer häufiger. Und nachdem alle Mitstreiter Luthers sich von ihm abgewendet haben, teilweise zu bitteren Feinden werden – Münzer, Karlstadt, Zwingli, Schwenkfeld und andere –, beginnt schließlich auch das Verhältnis zwischen Luther und Melanchthon zu erkalten, so daß Luther im Alter keinen wirklich bedeutenden Freund mehr besitzt.

Dem Teufel ein Wohlgefallen

Als der alte Luther im späten Januar 1546 von Halle nach Eisleben fährt, um dort den Erbschaftsstreit der Grafen von Mansfeld zu schlichten, setzt er mit Dr. Justus Jonas und dessen drei Söhnen in einem alten Kahn über das Wasser. Plötzlich droht das Boot zu kentern, aber es geht gerade noch einmal gut. »Mein lieber Dr. Jonas«, ruft Luther aus, »das wäre dem Teufel ein Wohlgefallen, wenn ich, Dr. Martin, mit drei Söhnen und Euch im Wasser ersöffe!«

Alt und abgelebt

Als sich Luther – ohne zu ahnen, daß es seine letzte irdische Reise sein wird – auf den Weg nach Eisleben begibt, schildert er sich selbst als »alt, abgelebt, unlustig, müde, kalt und nun gar auf einem Auge erblindet«. Er hofft, meint er, »es werde mir, als einem Erstorbenen, die, wie mir scheint, im höchsten Maße verdiente Ruhe vergönnt werden«. Dennoch nimmt er die beschwerliche Winterreise auf sich, um sich dann die Unannehmlichkeiten des Schiedsrichteramtes auszusetzen.

Letzte Predigt

Die letzte Predigt hält Luther am 15. Februar 1546 zu Eisleben, am sechsten Sonntag nach Ephiphanias. Der schon vom Tod gezeichnete Reformator nimmt dabei feierlich Abschied von seinen lieben Eislebenern.

Den Würmern zum Verzehr

Zu Eisleben sagt Luther: »Wann ich meine lieben Landesherren vertragen hab, so will ich heim, mich in einen Sarg legen und den Würmern einen guten, feisten Doktor zu verzehren geben!«

Ahnung kurz vor dem Tod

Wenige Tage vor seinem Tod meint Luther: »Ich bin allhier zu Eisleben geboren und getauft; wie, wenn's Gott so schicket, daß ich auch hier stürbe!«

Nimm mich selig

Um ein Uhr in der Nacht des 18. Februar 1546 fühlt Luther ein Unwohlsein. Er ruft nach seinen Dienern und einigen Freunden. Ärzte kommen hinzu. Luthers Freund Jonas berichtet darüber, daß Luther in diesem Augenblick mit dem Beten beginnt: »Nimm mich selig zu Dir.«

Sanftes Seufzen

Luthers Freund Jonas schreibt über die letzten Momente: »Und da wir ihn beide laut ansprachen und fragten: ›Allerliebster Vater, Ihr bekennt ja Christum, den Sohn Gottes, unseren Heiland und Erlöser‹, sprach er noch einmal, daß man es hören konnte, gerade stark genug ›Ja‹. Danach war ihm Stirn und Angesicht kalt und wie laut man rief, rüttelte und mit Taufnamen nannte, Doktor Martin, antwortete er nicht mehr, tat ein sanftes Atemholen und Seufzen, mit gefalteten, ineinandergeschlagenen Händen, und ist also in Christo entschlafen ungefähr zwischen zwei und drei in der Nacht gegen den Morgen.«

Todeszeugnis

Ein anderer Augenzeuge berichtet über Luthers Tod, der Reformator habe auf die Frage: »Wollt ihr auch auf Christum und die Lehre, so ihr in seinem Namen getan und gepredigt, beständig sterben?« ein deutliches »Ja« von sich gegeben. Dann dreht sich Luther auf die rechte Seite und schläft, eine Viertelstunde lang etwa, in der die Umstehenden hoffen, daß sich der Zustand des Mannes wieder bessert. Einige trauen dem Schlaf nicht und leuchten ihm ins Gesicht. »Aber indes tat er ein Schnarchen mit tiefem Holen des Atems und entschlief zwischen zwei und drei Uhr vormittags.«

Branntwein als Salbe

Als Luther in der Stunde des Sterbens nichts mehr sagt, beginnen die Ärzte und die Gräfin zu Mannsfeld seinen Leib kräftig mit starkem Branntwein einzusalben, um damit den Kreislauf und die Blutzirkulation wieder in Gang zu bringen. Es gelingt auch für kurze Zeit, so daß Luther wieder auf die Fragen der Umstehenden antwortet, wenn auch nur schwächlich.

Nach dem Tod

Am Morgen des 18. Februar 1546 läuten die Glocken in Eisleben. Die Nachricht wird mit reitenden Boten in die großen Städte Leipzig, Halle, Torgau und natürlich Wittenberg getragen: Luther ist tot! Lucas Furttenagel zeichnet das Gesicht des Toten. Von Eisleben, über Halle und Kemberg, wird der Sarg nach Wittenberg gebracht. Es ist eine Zeremonie, begleitet von gepanzerten Rittern. In der Wittenberger Schloßkirche wird er beigesetzt.

Geschäfte mit dem Tod

Manch einer versucht aus dem Ende des »Erzketzers« Profit zu schlagen. Gegen Geld berichtet ein Bote Schauermärchen: »Wie man den toten Luther mit zwölf starken Kerlen ließ zu Grabe tragen, war die Totenbahre erst so schwer, daß sie nicht fortgehen konnten, darnach so leicht, daß man sie mitten auf dem Markt niedersetzte, um zu besehen, ob der Leib noch drinnen wäre. Aber sie fanden keinen Mann darin, sondern drei große schreckliche Ratzenmäuse, die sprangen den Leuten mit großem Gemurr entgegen und liefen durch sie hindurch und davon. Die eine lief in alle beschlossenen Klöster und biß die eisernen Riegel und Schlösser entzwei. Die andere lief nach Rom in des Papstes Kanzlei und biß allen Ablaßbriefen die Siegel ab. Die dritte lief in die Hölle und pißte das Fegefeuer aus, daß es keine Christenseele mehr brennen kann. Ist das nicht abenteuerlich und sehr schrecklich?« Die Zuhörer schütteln ungläubig den Kopf, und der Prediger rafft eilends seinen Kram und das Geld zusammen, um nicht beantworten zu müssen, wo denn die Mäuse geblieben seien.

Selbstmord-Gerücht

Rund zwanzig Jahre nach Luthers Tod wird das Gerücht laut, der Reformator habe Selbstmord begangen. Angeblich weiß das ein ehemaliger Diener Luthers. 1591 erscheint im katholischen Rom ein Buch, darin heißt es: »Ich habe gehört, daß man vor kurzem durch die Aussage eines Zeugen, der damals sein Diener gewesen und in den letzten Jahren zu uns übergetreten ist, erfahren hat, Luther habe sich selbst einen elenden Tod durch den Strick bereitet. Es seien aber sofort alle Hausleute, die um den Vorgang wußten, eidlich verpflichtet worden, die Sache nicht auszubreiten zur Ehre des Evangeliums, wie man hinzufügte.« Anfang des siebzehnten Jahrhunderts taucht gar ein Brief des vermeintlichen Dieners auf, wonach dieser am Morgen »unseren Herrn Martin am Bett hängend und elend erwürgt« aufgefunden habe.

Schreckgespenst

Schon 1520 – noch zu Lebzeiten Luthers – schildert der Satiriker und Luthergegner Thomas Murner den Reformator als wilden Zyklopen. Die Auffassung bleibt bei den Katholiken bis ins neunzehnte Jahrhundert hinein populär. Bei Faschingsumzügen bayrischer Bauern erscheint Luther neben dem bayrischen Hiesl und dem Schinderhannes.

Luther heilt Zahnschmerzen

Obwohl sich Luther selbst über Reliquien lustig machte, ehren ihn Protestanten nun postum selbst mit Andenken aus seiner Umgebung. Wunder und Weissagungen werden erzählt, die Luther vollbracht habe. Splitter von den Holzsäulen im Lutherhaus, dem Schwarzen Kloster zu Wittenberg, gelten eine Zeitlang als Zaubermittel gegen Zahnschmerzen.

Als Prophet

Als nach Luthers Tod die erbittert geführten Glaubenskriege ausbrechen, besinnen sich viele der Worte des Reformators: »So lange ich lebe, wird's, ob Gott will, keine Gefahr haben und guter Friede in Deutschland bleiben. Wenn ich aber sterbe, so betet! Es wird wahrlich Betens brauchen, und unsere Kinder werden müssen nach den Spießen greifen, und es wird in Deutschland übel stehen!«

Luther lebt

Goethes Lob

Johann Wolfgang von Goethe schreibt über zweihundert Jahre nach Luthers Zeit: »Wir wissen gar nicht, was wir Luthern und der Reformation im allgemeinen alles zu danken haben. Wir sind frei geworden von den Fesseln geistiger Borniertheit, wir sind infolge unserer fortwachsenden Kultur fähig geworden, zur Quelle zurückzukehren und das Christentum in seiner ganzen Reinheit zu fassen. Wir haben wieder den Mut, mit festen Füßen auf Gottes Erde zu stehen und uns in unserer gottbegabten Menschennatur zu fühlen.«

Grimms Vorbild

Jakob Grimm, einer der beiden Märchensammler und großen Sprachforscher des 19. Jahrhunderts: »Luthers Sprache muß ihrer edlen, fast wunderbaren Reinheit, auch ihres gewaltigen Einflusses halber für Kern und Grundlage der neuhochdeutschen Sprache gehalten werden.«

Luthers Originalschriften haben für Heinrich Heine dazu beigetragen, »die deutsche Sprache zu fixieren«. Kritisch analysiert der Dichter: »Durch ihre polemische Leidenschaftlichkeit drangen sie tief in das Herz der Zeit. Ihr Ton ist nicht immer sauber, aber man macht auch keine religiösen Revolutionen mit Orangenblüten. Zu den groben Klötzen gehört ein grober Keil. In der Bibel ist Luthers Sprache aus Ehrfurcht vor dem gegenwärtigen Geiste Gottes immer in eine gewisse Würde gebannt. In seinen Zeitschriften hingegen überläßt er sich einer plebejischen Rohheit, die ebenso widerwärtig wie grandios ist. Seine Ausdrücke und Bilder gleichen darin jenen riesenhaften Steinfiguren, die wir in indischen oder ägyptischen Tempelgrotten finden, und deren grelles Kolorit und abenteuerliche Häßlichkeit uns zugleich abstößt und anzieht. Durch diesen barocken Felsenstil erscheint uns der kühne Mönch manchmal wie ein religiöser Danton, ein Prediger des Berges, der von der Höhe desselben die Wortblöcke hinabschmettert auf die Häupter seiner Gegner. Merkwürdiger und bedeutender als diese prosaischen Schriften sind Luthers Gedichte, die Lieder, die in Kampf und Not aus seinem Gemüte entsprossen. Sie gleichen manchmal einer Blume, die auf einem Felsen wächst, manchmal einem Mondstrahl, der über das bewegte Meer hinzittert. Luther liebte die Musik, und seine Lieder sind deshalb außerordentlich melodisch. Auch in dieser Hinsicht gebührt ihm der Name ›Schwan von Eisleben‹. Aber er war nichts weniger als ein milder Schwan in manchen Gesängen, wo er den Mut der seinigen anfeuert und zur wildesten Kampfeslust begeistert.«

Nietzsches Urteil

Für den Philosophen Friedrich Nietzsche ist Luther der unumstrittene Sprachkünstler: »Das Meisterstück der deutschen Prosa ist das Meisterstück ihres größten Predigers: die Bibel war bisher das beste deutsche Buch.«

Aberglaube

Der deutsche Dramatiker Hugo Ball sagt 1919 über den Reformator: »Luthers Glaube an das Geschriebene war unendlich. Den Papst verwarf er, weil er in der Bibel nicht vorkam. Die Mönche und Nonnen ebendeshalb. Den Kaiser aber, und die Obrigkeit und den Krieg nicht, denn sie standen drin. Kann man sich einen abergläubischeren Text-Fetischismus oder wenn man will, eine liebevollere Hingabe denken? ... Wer gegen die heutige Tyrannei protestiert wie Luther vor 400 Jahren als Mönch protestierte, hat das Recht, sich auf ihn zu berufen. Auch soll den Evangelischen nicht ihr Heiliger genommen werden, obgleich dieser Heilige von Heiligen nichts wissen wollte.«

Zeittafel Martin Luther

1483 Am 10. November kommt Martin Luther in Eisleben zur Welt, einen Tag später, am Martinstag, wird das Kind auf den Namen des Tagesheiligen getauft

1484 Familie Luther siedelt von Eisleben nach Mansfeld über

1488–1496 Martin besucht die Schule in Mansfeld

1497 Domschule in Magdeburg

1498–1501 Georgenschule in Eisenach

1501–1505 Philosophisches Grundstudium an der Universität Erfurt, das Martin Luther mit der Promotion zum Magister artium abschließt

1505 Beginn des Jurastudiums an der Erfurter Universität; 2. Juli: Gewittererlebnis bei Stotternheim, Gelöbnis, ein Mönch zu werden; 17. Juli: Eintritt in das Kloster der Augustineremeriten in Erfurt

1507 Priesterweihe im Erfurter Dom; Feier der Primiz (erste Messe) im Augustinerkloster; Beginn des Theologiestudiums

1508 Versetzung in das Wittenberger Augustinerkloster, Fortsetzung des Theologiestudiums, Lehrbeauftragung für Philosophie in Wittenberg

1509 Rückkehr in das Erfurter Augustinerkloster

1510–1511 erste Romreise im Auftrag des Augustinerordens

1512 Promotion zum Doktor der Theologie, Übernahme der Bibelprofessur an der Universität Wittenberg, damit Nachfolger von Johann von Staupitz

Um 1514 Berufung zum Prediger an der Stadtkirche, neben seiner Professur

1515–1518 Aufseher über mehrere Augustinerklöster

1517 am 31. Oktober Anschlag der 95 Thesen über den Ablaß an der Wittenberger Schloßkirchentür

1518 Heidelberger Disputation, Verhör durch Kardinal Cajetan in Augsburg

1519 Leipziger Disputation

1520 Drei reformatorische Hauptschriften; Bannandrohungsbulle des Papstes gegen Luther und am 10. Dezember Verbrennung dieser und des Kirchenrechts vor dem Wittenberger Elstertor

1521 Bannbulle; beim Reichstag zu Worms Weigerung Luthers, seine bisherigen Schriften zu widerrufen, Ächtung Luthers

1521–1522 Schutzhaft auf der Wartburg, Übertragung des Neuen Testaments ins Deutsche

1522 Rückkehr nach Wittenberg, Invokavitpredigten

1524–1525 Bauernkrieg

1525 Luther heiratet am 13. Juni Katharina von Bora

1526 Reichstag in Speyer, Stillhalteabkommen bis zum nächsten Konzil

Ab 1526 Erarbeitung »Kursächsischer Kirchen- und Schulvisitation« als Grundlage der landesherrlichen Kirche

1529 Zweiter Reichstag in Speyer, dort Protestation der Evangelischen gegen die Aufhebung des Stillhalteabkommens von 1526, seitdem werden sie Protestanten genannt; Kleiner und Großer Katechismus

1530 Reichstag in Augsburg mit Augsburger Bekenntnis, Luther weilt auf der Feste Coburg

1534 Gesamtausgabe der Bibelübersetzung Luthers

1535–1546 Dekan der theologischen Fakultät zu Wittenberg

1546 Am 15. Februar Luthers letzte Predigt in Eisleben, am 18. Februar stirbt Luther in Eisleben, am 22. Februar erfolgt die Beisetzung in der Wittenberger Schloßkirche

Anekdoten bei Eulenspiegel

Goethe-Anekdoten

Willst Du staunen, Flegel?

»Eine Geheimgeschichte Goethes wird wohl kaum zu erforschen sein, und Unveröffentlichtes aus seinem Leben hervorzuzaubern, dürfte ebenso schwer möglich sein. Zu gründlich haben Geotheforscher jede Schwelle beschnüffelt, über die der Meister je seinen Fuß gesetzt, zu tief sind Mediziner und Psychoanalytiker in die verborgensten Winkel von Leib und Seele eingedrungen und haben Spuren von Inzest und vorzeitigen Samenerguß gesichert«, schreibt Thomas Wieke in seinem Nachwort. Dennoch ist es ihm gelungen, ein äußerst vergnügliches Buch über den vielbeschriebenen Geheimrat Goethe (1749-1832) vorzulegen, dessen Genialität auch zutiefst menschliche Seiten offenbart. Was hier über Goethe, dessen 250. Geburtstag bevorsteht, zusammengetragen wurde, ist beachtlich und immerhin stammt von ihm auch dieses Zitat: »Eine Sammlung von Anekdoten ist für den Weltmann der größte Schatz.«

144 S., geb., 9,90 Euro
ISBN 3-359-00957-6

ISBN 978-3-359-01316-7

3. Auflage

Umschlaggestaltung: Matthias Gubig, unter Verwendung
eines Luther-Porträts nach Lukas Cranach
Druck und Bindung: CPI Moravia Books GmbH

Ein Verlagsverzeichnis schicken wir Ihnen gern:
Eulenspiegel · Das Neue Berlin Verlags-
gesellschaft mbH & Co. KG
Neue Grünstr. 18, 10179 Berlin
Tel. 01805/30 99 99
(0,14 Euro/Min., Mobil abweichend)

Die Bücher des Eulenspiegel Verlags erscheinen
in der Eulenspiegel Verlagsgruppe.

www.eulenspiegel-verlag.de